戦争と財政の世界史

玉木俊明
Tamaki Toshiaki

A World History of
War And Finance

成長の世界システムが終わるとき

東洋経済新報社

第1章　「戦争国家」オランダの財政革命　33

第2章　財政＝軍事国家イギリスの興隆　71

序章　国の借金はなぜ減らないのか

日露戦争と国債

司馬遼太郎の『坂の上の雲』（文春文庫）は、日露戦争時代の日本を描いた傑作である。この作品に描かれているように、明治維新から１９０４～１９０５年の日露戦争に至る時代の日本は、まさに近代化の途上にあった。日露戦争の勝利によって、日本は近代国家になり、日本人は大きな自信をえた。日本は欧米に並ぶ一流国家になったという考えをもつようになった日本人は、決して珍しくなかったのである。しかしこの勝利は、それこそ薄氷を履むものであった。

日露戦争時の政府支出総額は18億２６２９万円に達していた。だが、１９０３年の国民所得は、22億８０００万円しかなかったのである。また日露戦争は、軍事費のうち、財源を公債・国庫債券および一時借入金とする金額は15億５５８７万円であり、全体の78パーセントを占めた。このように、日露戦争は国債を発行することでようやく遂行できた戦争であり、そのすべてを返済したのは、１９８６年のことであった。

逆にいうなら、国債発行という手段がなかったなら、日本は日露戦争に勝利することはできなかったのだ。高橋是清と深井英五（銀行家・のちの日銀総裁）が欧米の金融市場で外債の調達に成功したことで、ようやく日本は戦争を継続することができたのである。

国債の発行は、戦争に勝利する最大の手段だったことを、日本人は理解していた。それが、日露戦争に日本が勝てた理由であった。

国債発行残高の増加

だが、国債をどんどん発行するのは、何も戦時だけの話ではなくなった。それは、現代世界の特徴といってよい。

日本の現在の国債発行残高は、多くの人々にとっては、信じられないほど巨額であろう。図0−1は、普通国債残高の累増を示したものである。第一次石油ショックが生じた1973年以前にはほとんど国債は発行されていなかったが、それから少しずつ増え、21世紀になると、その増え方は異常なまでに大きいことがわかる。現在では、1000兆円を超えている。対GDP比で見るなら、2022年には、250パーセントを超えている。

日本政府は、国債発行残高を減らすための努力を繰り返してきた。しかし、残念ながらそれには成功していない。このことが、日本経済が抱える最大の問題の一つだといって、過言ではあるまい。

図0–1　普通国債残高の累増

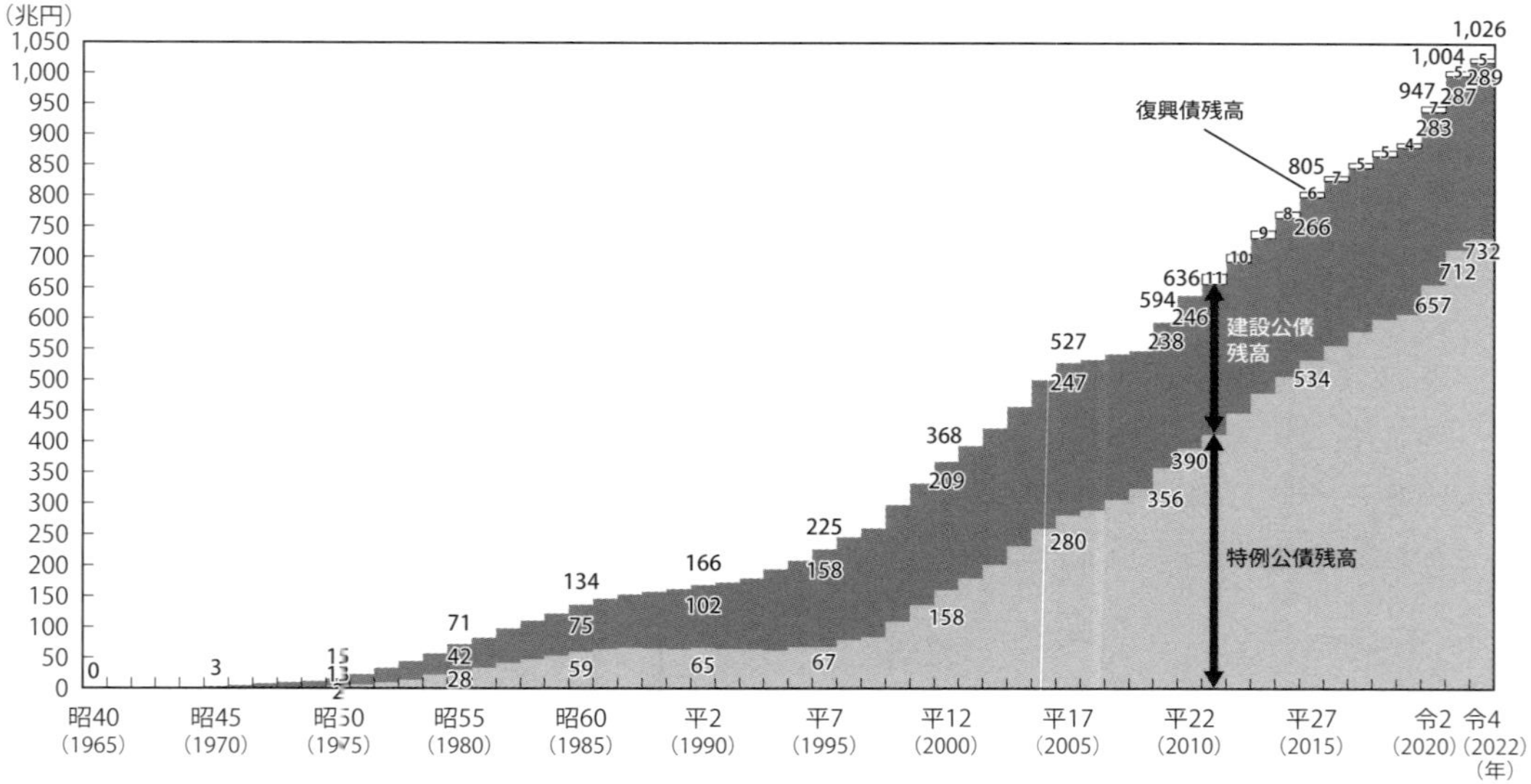

注1：令和2年度末までは実績、令和3年度末は補正後予算、令和4年度末は予算に基づく見込み。
注2：普通国債残高は、建設公債残高、特例公債残高及び復興債残高。特例公債残高は、国鉄長期債務、国有林野累積債務等の一般会計承継による借換債、臨時特別公債、減税特例公債及び年金特例公債を含む。
注3：令和4年度末の翌年度借換のための前倒債限度額を除いた見込額は1,006兆円程度。
出典：財務省HPをもとに作成

国債発行残高の世界的増加傾向

しかし、国債発行残高が多いというのは、いうまでもなく、何も日本だけに見られる現象ではない。図0-2に示されているように、対ＧＤＰ比で見た場合、たしかに日本の比率が圧倒的に高いが、それ以外の国もかなり高い。

経済学では、政府の歳入と歳出が同額である均衡財政が望ましいとされる。しかし、現実には、そうなったことはほとんどない。政府の収支は、赤字であることが大半であった。均衡財政が成立するのは、むしろ稀であった。それは、一体なぜなのだろうか。これこそ、この序章で問われるべき課題である。

不景気になれば、当然税収は減り、赤字予算となりがちである。このとき強引に均衡予算政策をとるなら、税額が引き上げられることになり、景気はさらに悪化する。政府は国債を発行し、需要を回復させようとする。だが、景気が回復しても、国債の発行残高がゼロになることは難しい。われわれは、常に借金を抱えている政府を見ることに慣れてしまっている。これから先、どの国も景気はさほどよくなりそうもないので、国債発行残高は減らない可能性もあろう。

国債発行残高が減少しない大きな理由として、社会保障費があげられる。どの国においても、

図0-2　世界の国債発行残高（対GDP比）

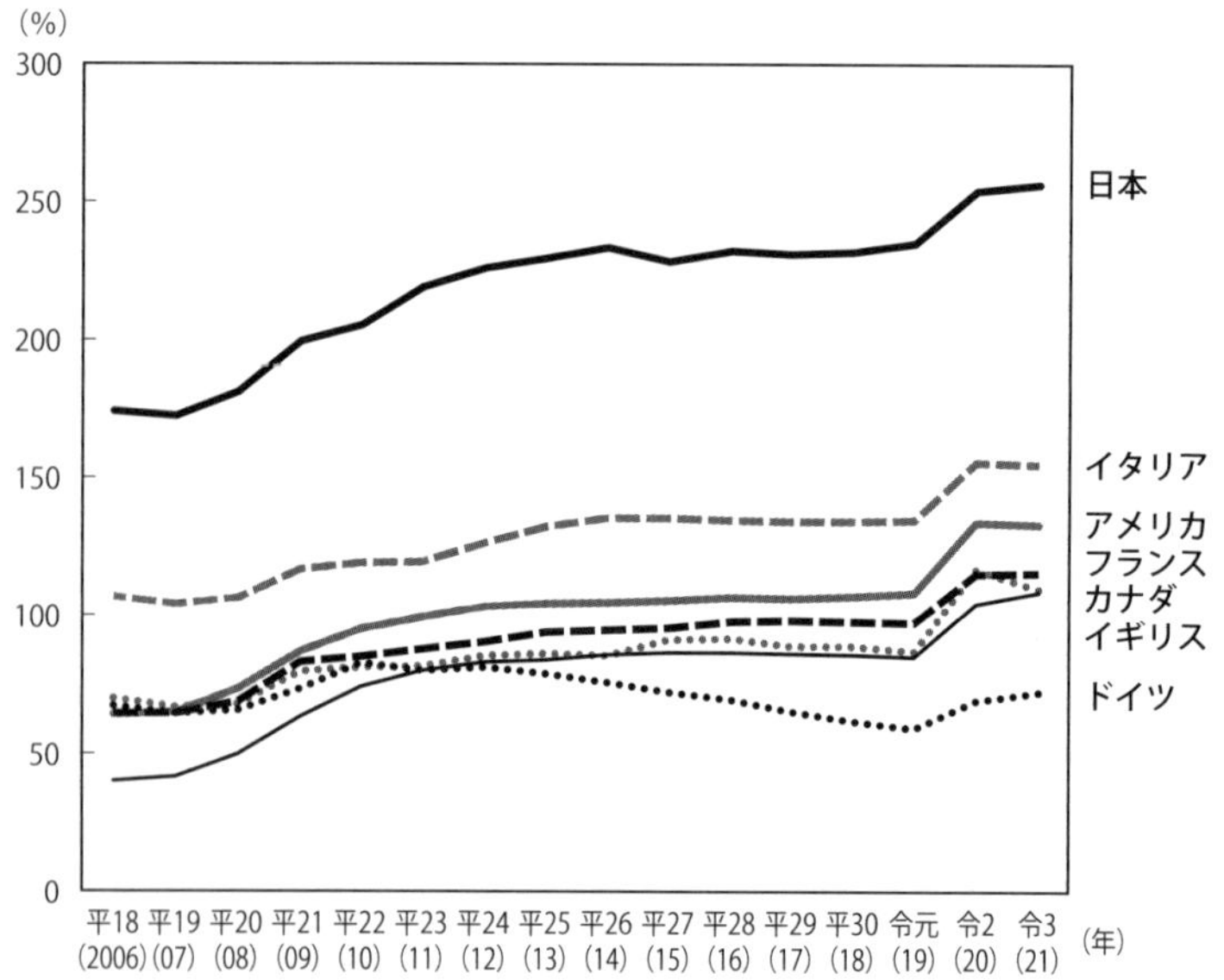

出典：財務省HPをもとに作成

社会保障費を減らすことは困難であり、財政をスリム化することはできそうもない。そのようななかでCOVID‐19が世界中で流行したのだから、多額の国債を発行するほかなかった。恒常的に国債を発行する誘因だけではなく、突然生じた出来事に対応するために国債を発行することが必要とされているのだ。国の借金は、ますます増える傾向にある。

第二次世界大戦と国債

とはいえ、大量の国債を発行しなければならないのは、何よりも戦時期のことである。いや、正確にはあったというべきだろう（この変化については、第6章で論じられる）。第二次世界大戦によって、参戦諸国は、非常に巨額の借金をすることになった。関野満夫の研究によれば、第二次世界大戦末期（最終年度）には、名目ＧＮＰに占める政府の支出は、アメリカが45パーセント（１９４０年には９・３パーセント）、イギリスが60パーセント（１９３９年には30パーセント）、ドイツが80パーセント（１９３９年には44パーセント）になった。政府支出は、このように急増した。

日本に目を向けると、名目ＧＮＰに対する政府一般会計・臨時軍事費特別会計歳出純計の比率は、日中戦争開始前には12〜13パーセントであったのが、日中戦争時（１９３７〜１９４１）に20〜30パーセント弱に上昇し、アジア・太平洋戦争期においては、１９４１〜１９４３年度の40〜60パーセントから、１９４４年度には１１０パーセント台に達した。

このようにイギリス、アメリカ、ドイツ、日本では急激に政府支出が伸びたが、その大部分は、国債の発行により賄われた。詳しくはあとの諸章で述べるが、４国は国債の発行により、戦費を調達した。ＧＮＰに占める政府支出の増大は、国債を発行したからこそ実現できたことなのである。そのため、どの国も国債発行残高が急激かつ大きく増加することになった。

では、それはなぜ返済できたのか。可能性としては三つある。一つは、増税である。たとえば、戦後の日本では、富裕税が導入された。

二つめは、インフレである。インフレーションのために政府の負担が実質的に減少するのである。第二次世界大戦後の日本は、大きなインフレを経験した。１９３４〜１９３６年の平均と比較するなら、１９４６年8月には21倍に、１９４８年6月には１７２倍にもなった。日本が戦時中の借金を返済できた大きな理由の一端は、このハイパーインフレに求められよう。

三つめは、経済成長である。第二次世界大戦後の世界は、史上かつてない経済成長の時代を迎えた。そのため多くの国は、国債を償還することができたのである。

この三つのなかで、経済成長がもっとも重要である。その一方で忘れがちのことであるが、経済成長を前提とするからこそ、国債はスムーズに償還することができるのである。換言すれば、経済成長が前提となっている社会だからこそ、政府は国債を発行し続けることができるのである。持続的経済成長が、国債発行の前提条件になる。成長し続けているからこそ、借金の返済は容易になるのだ。だがそれが、議論の対象になることは、あまりないように思われる。

持続的経済成長を前提としない経済システムが誕生したなら、国債の償還はできないことになってしまう。少なくとも、償還は困難になる。われわれは、経済成長は当然の前提ととらえているが、そもそもそれが「当然」とみなされるようになったのは、歴史的にはここ数世紀のことにすぎないのだ。

ウクライナ戦争

２０２２年にはじまったウクライナ戦争は、ロシアの財政に大きな負担をかけている。欧米を敵に回したロシアに外債が発行できるはずもなく、ロシアの軍事費増大の大きな足枷となっている。２０２２年のロシアの当初予算では、１・３兆ルーブルの黒字を見込んでいたが、歳出が当初から3割増の31兆ルーブルに膨らみ、赤字に転じてしまった。戦後のロシアが、ハイパーインフレに襲われる可能性は高い。

一方ウクライナは、資金繰りは支援国に頼っている。戦費の大半はＥＵ、Ｇ７、アメリカ、そして国際通貨基金（ＩＭＦ）を含めた国際金融機関からの援助で賄っている。ウクライナもまた、ロシアと理由は異なるかもしれないが、国債の発行による戦費の調達には成功していない。

財政面から見るなら、ウクライナ戦争は、近代的な戦争のスタイルから逸脱しているといえるかもしれない。だがまた、戦争の当事国であるロシアとウクライナが国債を発行したとしても、それを購入するのはおそらく大半が自国民であろう。国家が紙幣を印刷して、戦費を調達することはできる。しかしそれでは、ハイパーインフレは免れない。しかも戦争に勝利したところで、戦争による経済の混乱からの脱却には、相当な時間が必要とされる。

国債の発行は、持続的経済成長を前提としていることはすでに述べた。しかし持続的経済成長を前提とする現代社会においても、ウクライナ戦争にかぎらず、国債に依存せずに戦争を遂行することもあるのは事実だ。とはいえそれでは、長期間の戦争に耐えることは難しい。

アメリカは、ウクライナに対して、３兆円を超す軍事支援をおこなっている。それを回収することは、おそらくできまい。２０２２年度に１兆３７７０億ドルに達したとされるアメリカの財政赤字はさらに増大するだろう。しかもアメリカは、約53億ドルの対外債務を抱える国である。だが、世界最大の経済大国のアメリカが破産するとなると世界経済そのものが大混乱を招くことになってしまう。

基軸通貨であるドルをもっているアメリカは、財政赤字が多くても生き延びることができる。すべての国が、ドルを購入しなければ貿易ができないからだ。だが、もしドルが基軸通貨でなくなれば、アメリカが財政破綻し、世界経済が大きな混乱状態に陥ることも考えられる。世界のいくつもの国で、借金を減らすことが困難になっている。

持続的経済成長と国債（公債）の発行

経済成長のために国債（公債）を償還することができたというのが、おそらく17世紀頃から現代までの世界史の実相であろう。国債（公債）の発行により戦費を賄い、さらにそれを平時になって返済するというシステムが形成されたのが、近世ヨーロッパの大きな特徴であった。

近世のヨーロッパでは、火器の導入に代表される軍事革命（これについては、第1章を参照）のために、国家の軍事費はうなぎのぼりに上昇した。戦争のためナショナリズムが高揚し、国境とは、中央政府が税金をかけることができる範囲を意味する主権国家が誕生することになった。ここに、近代国家が生まれることになったのである。

１５６８年にスペインからの独立戦争を開始したオランダは、この戦争の期間中に戦費調達のために（オランダという国ではなく、各州が）公債を発行した。オランダ史の研究者は、他国よりも早く大規模な戦争を経験したオランダは、他国に先駆けて近代的な財政システム――戦時に公債を発行し、平時に償還する――を導入した。彼らは、オランダがヨーロッパで最初の近代国家になったのは、そのためだと主張するのである。これは、オランダが世界最初のヘゲモニー国家になったことも意味したのである。

オランダのヘゲモニーは、おおむね17世紀のことであった。この時代はオランダ史では、「黄金時代」と呼ばれる。この間の１６４８年に、ウェストファリア条約によって、オランダは正式に独立国となったが、現実には、それ以前から独立国として機能していた。

ヤン・ド・フリースとアド・ファン・デア・ワウデは、オランダを「最初の近代経済」とも呼んだ。これは、オランダは世界で初めて持続的経済成長を成し遂げた国ということを意味する。換言すれば、オランダはヘゲモニー国家になり、同時に持続的経済成長に成功したということになる。それには、公債の発行が大きく寄与した。

持続的経済成長がいつはじまったのかということを、明確に決めることは不可能である。だが、国債（公債）の発行の成功は、最終的には持続的経済成長があるからという前提に立つことには、十分に納得できるはずである。

戦時に国債（公債）を発行する前提条件として、将来それを償還できるということがあった。

経済が成長するからこそ、オランダは公債を発行して戦争を継続し、独立したのだ。オランダ人自身がそれにどの程度気づいていたのかはわからないが、少なくとも結果的にそうなったということはできよう。

国債（公債）がつくり上げた近代世界システム

このような経済システムは、アメリカの社会学者イマニュエル・ウォーラーステインが提唱した「近代世界システム」の考え方に近い。近代世界システムとは、16世紀から17世紀にかけて、オランダを中心とした北西ヨーロッパに生まれたシステムであり、持続的経済成長を特徴とする。

さらに、「持続的な経済成長」があるからこそ、われわれの賃金は上昇する。そのような社会は、絶えず利潤を生み出さなければ存続できない。それが、われわれが生きている資本主義社会である。ウォーラーステインによれば、資本主義社会の特徴は飽くなき利潤追求にある。

川北稔の言葉を借りるなら、「成長パラノイア」にとらわれた資本主義社会が存続するためには、次々に新しいマーケットを必要とする。生き延びるために、企業は新しい商品を製造し、サービスを提供し、新規の顧客を獲得する。それによりえられた利潤が会社の内部に留保され、新規の投資のために使われ、労働者に分配される。

近代世界システムによれば、先進的な工業地域が中核となり、そこに第一次産品を供給する周辺、さらにそのあいだにあり両者の緩衝地域となる半周辺が誕生していた。中核は、周辺と不等価交換をし、周辺を収奪するという仕組みが形成される。

マルクスは資本家が労働者を収奪すると考えたのに対し、ウォーラーステインは、工業国が第一次産品輸出地域を収奪したとする。したがってウォーラーステインの分析の単位は、基本的に国家となる。したがって、インターステート・システムの形成によって、ヨーロッパ世界経済が拡大していったととらえたのである。

ウォーラーステインの議論では、ヘゲモニー国家という概念が用いられている。ヘゲモニー国家とは、工業・商業・金融業のすべての面で他国を圧倒する国をいう。歴史上、ヘゲモニー国家は、17世紀のオランダ、19世紀後半から第一次世界大戦勃発までのイギリス、第二次世界大戦後からベトナム戦争の頃までのアメリカの三つしかない。

新規のマーケットの拡大と持続的経済成長を前提とし、北西ヨーロッパに生まれた近代世界システムは、やがて世界全体を覆い尽くすことになり、また戦時に国債（公債）を発行し、それを平時に返済するということは、近代世界システムが成立したために可能になった。

だが、またそこから推測できるのは、国債（公債）の発行は、近代世界システムが終焉すれば、困難になるのではないかということである。本書が取り上げるべき課題はそこにある。

ヘゲモニー国家は、多額の国債（公債）を発行する（多額の国債（公債）に苦しめられている国がヘゲモニー国家になるとはかぎらない)。その返済を容易にするために、財政制度を発展させる。

本書の構成

このような問題意識にもとづき、本書は次のように構成される。

第1章では、オランダのヘゲモニーが論じられる。1568年にスペインからの独立戦争を開始したネーデルラントのうち、北部7州が1581年にユトレヒト同盟を結成し、1648年に独立した。それがオランダである。オランダは、独立戦争のために多額の戦費が必要になり、金融革命を成功させ、近代国家となった。そのためオランダは、「早発の経済」と呼ばれる。

オランダは、「母なる貿易」と呼ばれるバルト海貿易を中心として商業を発展させ、ヨーロッパ商業の中心となった。またオランダはこの貿易による利益も投下し、1609年にアムステルダム銀行を創設した。同銀行はヨーロッパの商業決済の中心となった。さらに宗教戦争がおこなわれている時代に宗教的寛容政策により多様な宗教的バックグラウンドをもつ商人がアムステルダムに集い、オランダ経済は繁栄をきわめた。しかしオランダの国家としての力は弱く、オランダ経済が他のヨーロッパ諸国に寄与することになってしまった。

第2章で論じられるのは、イギリスとフランスのヘゲモニー争いである。オランダの商業政策は、自由貿易政策を基調とした。それに対しヨーロッパ諸国は、保護主義政策を採用した。

これが、重商主義時代の特徴であった。

オランダに対抗する政策をとった国家のなかで、最大の成功をおさめたのはイギリスであった。イギリスはオランダ船を排除する航海法を導入し、保護海運業政策をとることで、経済を発展させた。

イギリスはまた、フランスとのあいだに第二次百年戦争（1688～1815）を戦った。フランスの方が人口が多かったので、イギリスの方がより多額の借金をしながら戦争を戦い、フランスに勝利した。それは、イギリスの進んだ財政制度の賜物であった。

1694年にイングランド銀行を創設したイギリスは、同銀行が国債を発行し、その返済を議会が保証するというファンディングシステムにより、借金を返済していくことができた。

第3章では、第2章と大きく関連し、二つの近代世界システムが描かれる。最初のヘゲモニー国家となったオランダは地方分権的な中世的なシステムを有したのに対し、イギリスはより近代的なシステムをもっており、イギリスは国家が経済により強く介入するという新しいシステムを導入したのである。

18世紀になると、オランダ経済は衰え、英仏が台頭したが、イギリスは国家の力が強い帝国のシステムを形成した。イギリスは貿易のほとんどすべてをイギリス船でおこない、他国を排除する傾向が強かったのに対し、フランスはハンブルクとの関係を強め、商人のネットワークからなるオランダにかなり近いシステムを形成した。ここでは、アムステルダムの後継者として、ハンブルクを中心に叙述する。ハンブルクを貿易の結接点とするシステムは、「帝国」を形成していたイギリスとは対照的な「もう一つの世界システム」だったととらえられる。ただしそれは、商業システムの類似性にとどまる。

フランスではなくイギリスが勝利したということは、世界に植民地を有する「帝国」という新しいシステムの形成に成功したことを意味したのである。

第4章では、ヨーロッパ世界の拡大のときに生じた異文化間交易が論じられる。ヨーロッパの対外進出には、国家をもたないディアスポラの民が必要であった。近代世界システムとは、拡大のシステムであり、それに大きく寄与したのが彼らであった。ヨーロッパの債務残高増大は、対外進出のために生じた戦費増加に起因する。したがって、ヨーロッパ外世界におけるヨーロッパ諸国の商業活動の実態に目を向けなければならない。近世のヨーロッパの国家権力はまだ弱く、国家は、国際貿易商人をコントロールすることは不可能であり、商人の自律的ネットワークをうまく利用したのである。国家と商人は、共棲関係にあった。

第5章では、イギリスのヘゲモニーの実態が述べられる。１８１５年にウィーン条約によりナポレオン戦争が終結すると、イギリスはヨーロッパのヘゲモニー国家になった。イギリスは19世紀末になると、世界のヘゲモニー国家になった。ヨーロッパには国民国家が成立し、世界中にヨーロッパの植民地ができた。したがって、国民国家とは、植民地の存在を前提とした制度だったのである。世界全土で国民国家が成立することはないシステムを構築したにもかかわらず、ヨーロッパ人は、それに気づかなかったのである。

欧米列強の債務残高の対ＧＤＰ比は減少していった。それはむろん経済成長があったためだが、それとともに、世界に植民地をもつようになり、彼らを収奪したことも原因であったかもしれない。

第6章では、各国政府の債務が増加傾向にあることを見ていく。あらゆる国で国家財政の規模が増大しているが、それは社会保障費の増大が大きな要因であった。ついで、このような状況における日本の財政状況が論じられる。

日本が開国したのは、世界が本格的な帝国主義時代に突入する直前であった。鎖国によって平和であった江戸時代とは異なる体制、すなわち戦争を前提とした社会に日本は突入した。日本はそのために国債を発行することになった。とくに日露戦争での勝利は、国債の発行が大きな鍵となった。アジア・太平洋戦争においては国債の発行額はさらに大きかった。戦後、高度経済成長を迎え、しばらくは国債の発行額はあまり増えなかったが、最近ではＧＤＰ比で世界最高水準に達した。

終章では、近代世界システムが終焉を迎える可能性が示唆される。ＣＯＶＩＤ－19で世界の債務残高はさらに増えた。国債（公債）を発行するのは、近代世界システムの特徴である持続的経済成長を前提としているからだが、その前提自体が崩れているのではないかと提起する。

危険なのは思い込み

われわれは、経済成長を前提とする社会を形成した。それは、人口増をともなう。しかし、日本の少子化問題にもあらわれているように、決して当然のことだといえるわけではない。そもそも、経済がずっと成長するという前提自体、間違っているかもしれない。いや、私自身は間違っていると思う。

持続的経済成長を前提とする近代世界システムが、終焉を迎えつつあると考えられるのである。にもかかわらず、あらゆる制度、そして多くの人々が、持続的経済成長を当然の前提としているのは、奇妙で危険なことではないだろうか。

仮に将来人口が減少すれば、消費者人口が減る。もし、一人当たりのGDP成長率がプラスであったとしても、税収が減っていくかもしれない。日本経済の成長は、人口の伸びではなく技術革新が主要因であったという主張が事実であったとしても、人口減少の時代に経済が成長するということがあるのだろうか。しかもそれは、そう遠くない将来、日本だけでなく世界中に当てはまる可能性が高い。

今世紀中に、歴史上おそらく初めて、人口が減少し、高齢者の比率が大きく増える社会が世界中で誕生する。そういう状況になっても、われわれは持続的経済成長が続くと信じられるのだろうか。国の借金が減らないのは、われわれが経済は常に成長するので、やがて借金は問題なく返済できると思っているからではないか。その前提は、近い将来崩れるのではないか。

イギリスの経済学者ジョン・メイナード・ケインズは、「良かれ悪しかれ危険なのは、既得権益よりも思想である」といった。ここからいえるのは、経済成長が続くということは、われわれの思い込みであるかもしれないということであろう。

本書は、近代世界システムの興亡史を、財政と戦争を中心に論じる。また、ヨーロッパ世界の拡大についても言及する。すなわちそれは、われわれが生きている「近代世界システム」の誕生から、想定される死に至るまでの時代のスケッチである。

第1章

「戦争国家」オランダの財政革命

近代世界システムとは何か

現代世界では、地球全体が一つの大きな経済圏を成している。たしかに、ローカル、国家、国家を超えた地域など、いくつもの経済圏が考えられるが、それらが一つとなり、グローバルな経済圏を形成しているということを疑うことはできないだろう。しかもそれは、序章でも述べたように、持続的経済成長を前提としている。とすれば、次のような疑問が出てくるだろう。そのようなシステムは、どのようにして生まれたのだろうか、と。

そのための出発点となるのは、アメリカの社会学者イマニュエル・ウォーラーステインが唱えた近代世界システムである。

ウォーラーステインが『近代世界システム』の第1巻（全部で4巻）を上梓したのは、1974年のことであった。この書物は賛成反対を含め、大きな議論を巻き起こすことになった。現在では、「近代世界システム」という用語は、日本の世界史の教科書でも使われているほど人口に膾炙したものになった。

ウォーラーステインの論にもいくつもの問題点がある。おそらく最大の問題点は、産業資本主義の理論によって近世から現代までを一貫した歴史として叙述しようとしたことであろう。どの産業部門が重要かは、時代と地域によって現実には変わる。また、ヨーロッパは自分たちの船で対外進出していった。まず海運業の発展があり、その後に世界各地に自国製商品を大量に販売したことが重要である。このような視点の欠如こそ、ウォーラーステインが、現在のところアジアを世界経済に含めることに失敗した最大の理由だと思われる。

ウォーラーステインによれば、歴史上いくつか存在した「世界帝国」（いくつもの地域を包摂する超巨大な国家）は、帝国を維持するための官僚群が膨大になり、それを維持するためのコストが高くなりすぎたために崩壊した。しかし、16世紀のヨーロッパでは、そのような帝国はなくなり、各国が経済的競争に従事する近代世界システムが誕生したという。官僚制度を維持するとてつもなく高いコストがなくなったため、経済的負担が軽減された。

だが、こんにちの研究では、近世のヨーロッパ各国はたびかさなる戦争により巨額の借金をしていたことがよく知られている。その負担が、世界帝国を維持する負担と比べて高かったのか低かったのかはわからない。財政破綻をきたす国もあったのなら、世界経済の維持には、大きなコストがかかったと考えるべきである。

そもそも現代社会で政府の規模の大きさを考えるなら、効率的な競争がなされているとはいい難いように思われる。政府の負債額が巨額になっている国も多い。世界帝国がなくなったとしても、より効率的な経済が誕生したとはかぎらない。ウォーラーステインは、世界帝国ではなく世界経済の方が効率がよいとアプリオリに前提としており、現実にその効率性を計測しているわけではない。

ウォーラーステインの考え方に従うなら、歴代の中国の王朝は世界帝国である。にもかかわらず、イギリスが産業革命に成功した18世紀末まで、おそらくヨーロッパよりも中国の経済力の方が強かったのである。その理由は、ウォーラーステインの説によっては説明できない。

彼の著作『近代世界システム』では、17世紀中葉にヘゲモニー国家となったオランダに対し、英仏が挑戦し、最終的にイギリスがオランダの次にヘゲモニーを握る過程が描かれる。とはいえ、これもあとで述べるように、そもそも近世のオランダは分裂国家であり、中央集権化傾向は示さなかった。到底、国民国家とは呼べないとすれば、オランダのライデンで生産されていた毛織物とアムステルダムの金融業の成長を、オランダ国民経済の発展と同一視することは不可能である。

むしろ、イングランド（イギリス）が何度も航海法を施行し、オランダ船排除を狙ったことを考慮するなら、海運業こそがオランダ経済——オランダ国家ではなく——の生命線だったといえよう。またウォーラーステインの分析単位は国家であり、インターステート・システムを論じるものの、それは、「国家と国家を結ぶ」システムであるように思われる。

しかし、ウォーラーステインの考え方は非常に重要である。それは、ヨーロッパで生まれたシステムが、やがて世界を覆うようになったという視点をもっているからだ。ただし、それは世界各地に存在していた比較的大きな経済圏を包摂することによって実現した。

本書では、この見方を採用する。

図1-1　13世紀の世界システム

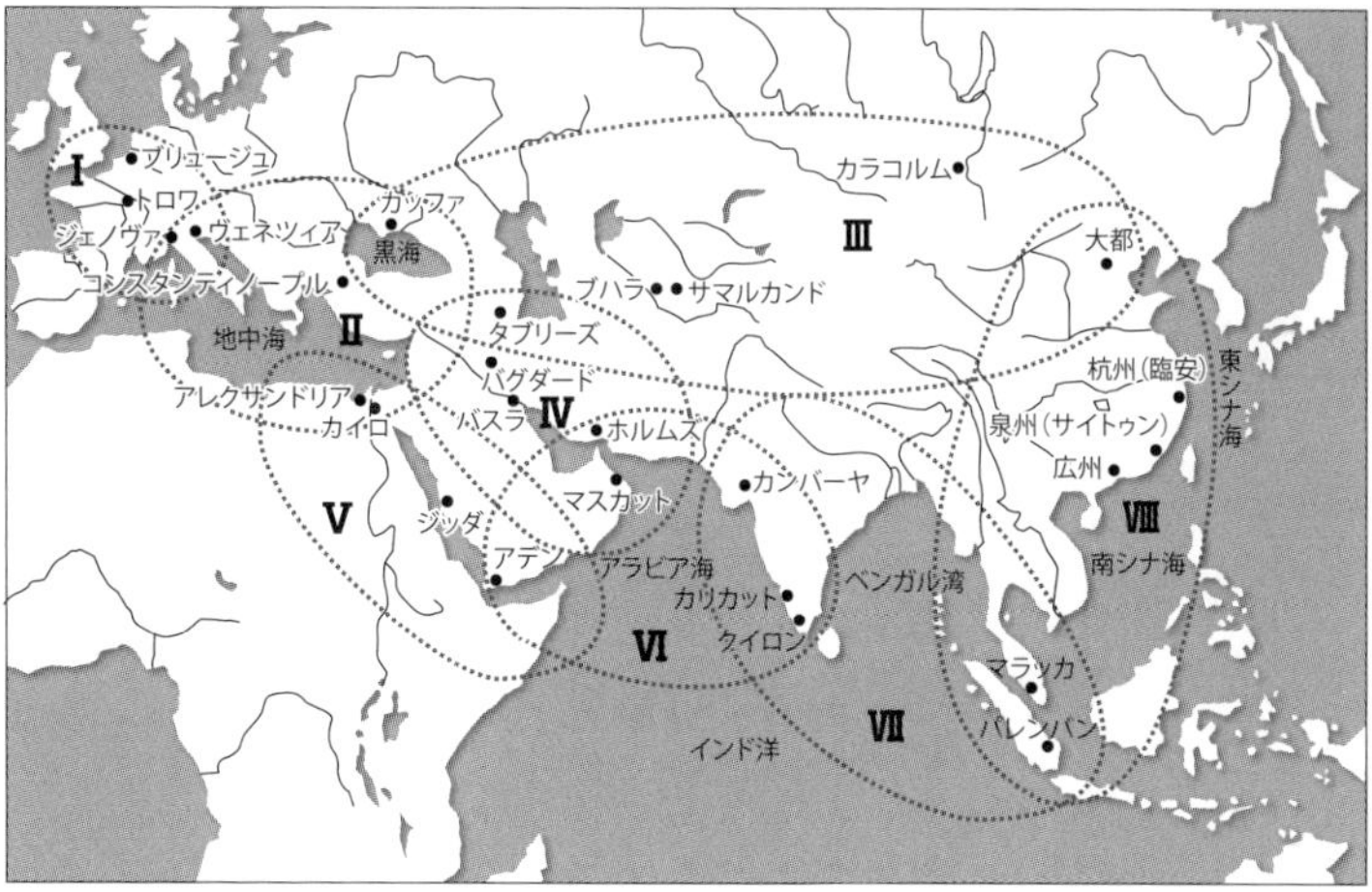

出典：ジャネット・L・アブー＝ルゴド『ヨーロッパ覇権以前』岩波現代文庫、2022年をもとに作成

ジャネット・L・アブー＝ルゴドの13世紀の「世界経済」

ウォーラーステインに影響を受けたジャネット・L・アブー＝ルゴドは、13世紀の世界経済を論じた。彼女によれば、13世紀最初の数十年間は、世界を支配できるほど強い唯一の権力は存在しなかった。だがやがて、ヨーロッパが形成したシステムが世界を覆い尽くすことになる。

13世紀に、世界全体の経済システムを牛耳ることができるほど強力な国も地域もなかった。それは、13世紀が大航海時代以前だったからである。彼女の考えでは、世界は図1－1のように、八つの経済圏に分かれていた。このなかで、ヨーロッパの経済圏の力は、他の七つよりも小さかったものと思われる。八つあった比較的大きな経済圏は、ヨーロッパ経済圏に飲み込まれ、徐々に一つになっていった。それはヨーロッパが、他地域に進出していったからである。ヨーロッパの対外進出の中心になったのは、16世紀においては、スペインとポルトガルであった。だが、世界最初のヘゲモニー国家はオランダであった。その理由について、次に述べてみたい。

スペインの台頭と衰退

スペインは世界中に植民地をもち、世界史上初めて日の没することなき帝国となった。その要因の一つとして、日本の石見銀山とともに、世界最大級の銀の埋蔵量を誇り、現在のボリビアに位置するポトシ銀山が、１５４５年に発見されたことがある。ポトシ銀山をはじめとする新大陸の銀の多くは、スペインに流入した。しかし、その銀はスペインにとどまることなく、当時のスペイン帝国の一部であり、フェリペ2世（在位：１５５６～１５９８）の所有するネーデルラントの都市、かつ当時の北ヨーロッパ最大の貿易・金融都市であったアントウェルペン（アントワープ）に流出することになった。銀は、スペインをいわば素通りしたのだ。それは結果的に、スペインの衰退を招くことになったというのである。

彼は行政機構の頂点に立ち、広大な領土から送られてくる書類の山に毎日目を通した。月に

１０００通の手紙を読み、1日14時間仕事をしたとされる。中世ヨーロッパの国王と同様、首都の宮殿に住み着くのではなく、所有する領地を巡回した。フェリペ２世の心は、あくまで中世ヨーロッパの国王そのものであった。したがって、新世界からスペインに流入した銀は、彼の帝国の商業・金融の中心であったアントウェルペンに輸送するのは、当たり前の選択だったのである。だがそれは、時代の流れに即したものではなかった。

ただしこれは、やはりスペインのナショナルヒストリーから見た一方的な説明であろう。そもそも、フェリペ２世はたしかにスペイン王であり、彼自身スペイン王であるという意識は強かったが、ほかにも広大な領地を抱えていたのである。ヨーロッパの内部だけでも、図１-２に描かれているように、いくつもあった。フェリペ２世は、ヨーロッパ内部では、スペインのほか、ネーデルラント、ミラノ公国、フランシュ＝コンテ、サルデーニャ王国、シチリア王国、ナポリ王国などを、ヨーロッパ外では、ブラジル、アフリカ大陸の南西部、インドの西海岸、マラッカ、ボルネオ島、フィリピンという広大な領地を所有した。

むしろ非難されるべきは、スペインの財政を悪化させたことであろう。すでにフェリペ２世の父の神聖ローマ帝国皇帝カール５世（在位：１５１９〜１５５６）の時代に、フランスとのイタリア戦争、地中海におけるオスマン帝国との戦争、ドイツの宗教戦争などの戦費を捻出する必要があり、スペインの国庫は急速に悪化していった。その戦費捻出のため、フッガー家やヴェルザー家など、各国の富豪から借金していた。アメリカ大陸からもたらされる銀は多くがその

図1-2　1580年頃のフェリペ2世のヨーロッパ内の領地

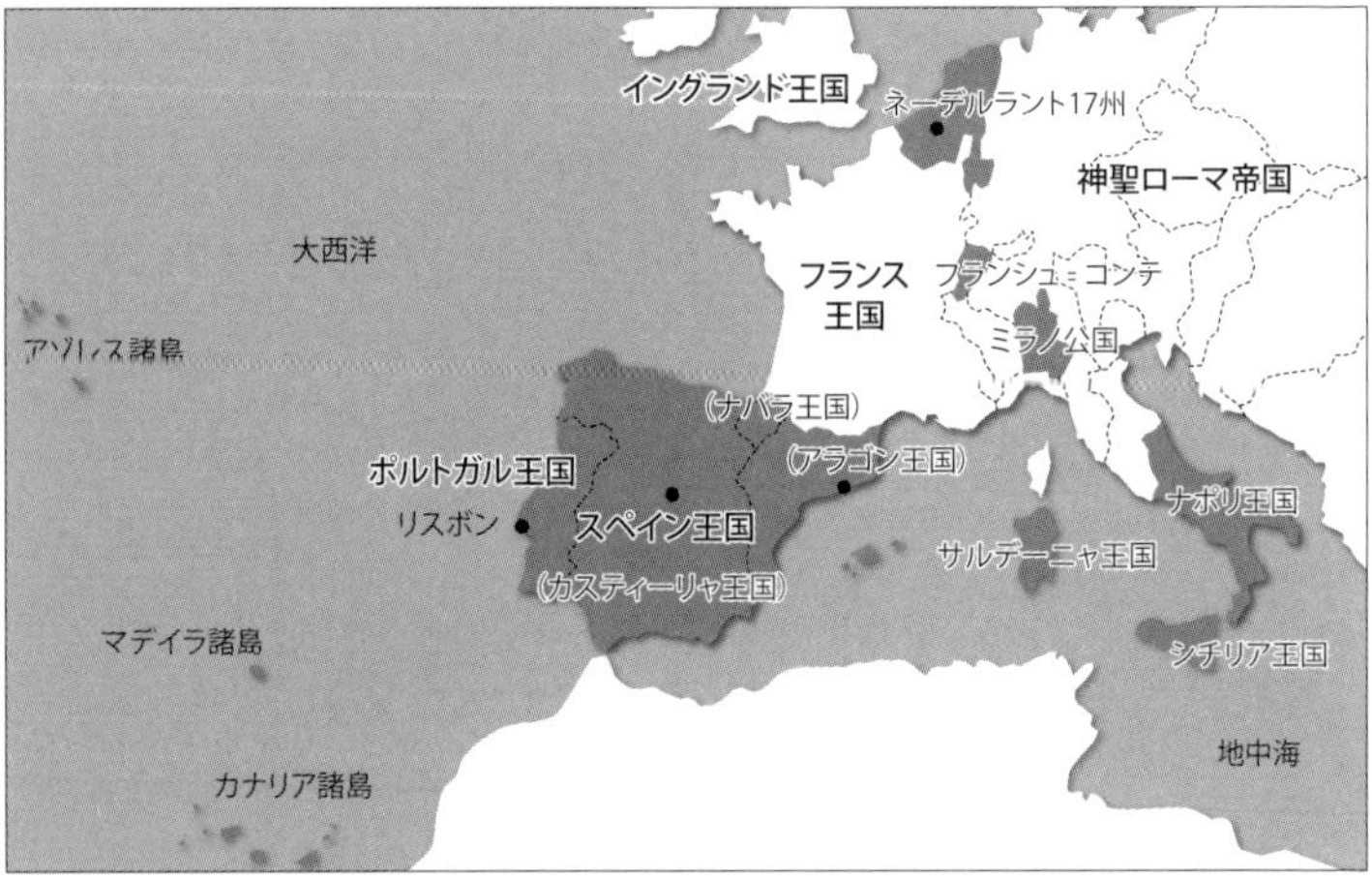

出典：https://w.atwiki.jp/alonsodeleyva/pages/21.htmlをもとに作成

返済に充てられていたのである。

そのような状態は、フェリペ2世の時代になると、ますます悪くなった。フェリペ2世は、1557年に破産宣告（国庫支払い停止宣言）を出し、債務を5パーセントの年金支払いとする長期国債に切り替えた。

フェリペ2世の国庫支払い停止宣言はその後も、1560年、1575年、1596年と続いた。フェリペ2世はカトリックの守護者と自認していた。「異端者に君臨するぐらいなら命を百度失う方がよい」とまでいったのである。そのため、異教徒や新教徒との戦いを続ける必要があった。繰り返される戦争のため、スペインの国家財政はますます悪化し、しかも新大陸の銀は、スペインにとどまることなくアントウェルペンに流れたのだ。フェリペ2世には、世界帝国を実現させたいという願望があったが、それはもはや実現不可能な時代に突入していたのである。

もし、フェリペ2世が彼の帝国の維持のためにアントウェルペン商人の移動を制限し、さらにもし1585年にアントウェルペンを陥落させていなかったならば、スペインにとっては良かったのかもしれないが、ヨーロッパ全体の経済発展はもっと遅れていたに違いない。新世界の銀が、ヨーロッパ全体で流通することはなかったからである。

本人が意図したことではなかったが、「フェリペ2世なくしてヨーロッパの発展なし」といえるのである。

スペインは、オランダのような財政システムの構築には成功しなかった。いやむしろ、そういう意識さえなかったのかもしれない。それは、スペインが最初のヘゲモニー国家にはなれなかった理由の説明として妥当であろう。換言すれば、スペインは持続的経済成長を実現することができなかったのだ。

アントウェルペン経済の成長

フェリペ2世がカール5世から継承したネーデルラントとは、現在のベルギー、オランダ、ルクセンブルクに当たる地域である。現在のベルギーに位置するブルッヘ（ブリュージュ）は「中世の世界市場」とも呼ばれる経済の中心地であった。ブルッヘは、フランドル（オランダ南部、ベルギー西部、フランス北部にかけての地域）製の毛織物を輸出する市場として有名であった。それに対しアントウェルペンは、やがてイングランドから、ロンドンを通して未完成の毛織物を輸入し、それを完成品にしてヨーロッパ各地に輸出するようになった。ブルッヘに取って代わってヨーロッパ経済の中心になったのがそのアントウェルペンであった。こちらはさしずめ「近世の世界市場」ということができよう。

　アントウェルペンとイングランドとの結びつきは、ヨーロッパで新しい経済構造が誕生したことを意味した。毛織物が海を渡るような長距離の取引をへて完成品に至るような分業体制が構築されるようになったからである。

　そのアントウェルペンには、ポルトガルを経由して植民地であるアフリカの物産やアジアの香辛料などが流入した。アジアからどのようなルートをへてアントウェルペンにまで送られるかということについては、図1‐3に描かれている。

　この図から読み取れるように、インドとはポルトガルのリスボン経由で結びついていた。またチロルやハンガリーの鉱産物を扱っていた南ドイツ商人は、その取引のための都市としてアントウェルペンを選んだ。これは、アントウェルペンがヨーロッパ経済の中心地となるための一つの基盤となった。アントウェルペンが、積極的に海外に進出していたとはいえないことが、ここから判明する。

図1-3　アントウェルペンの流通ルート

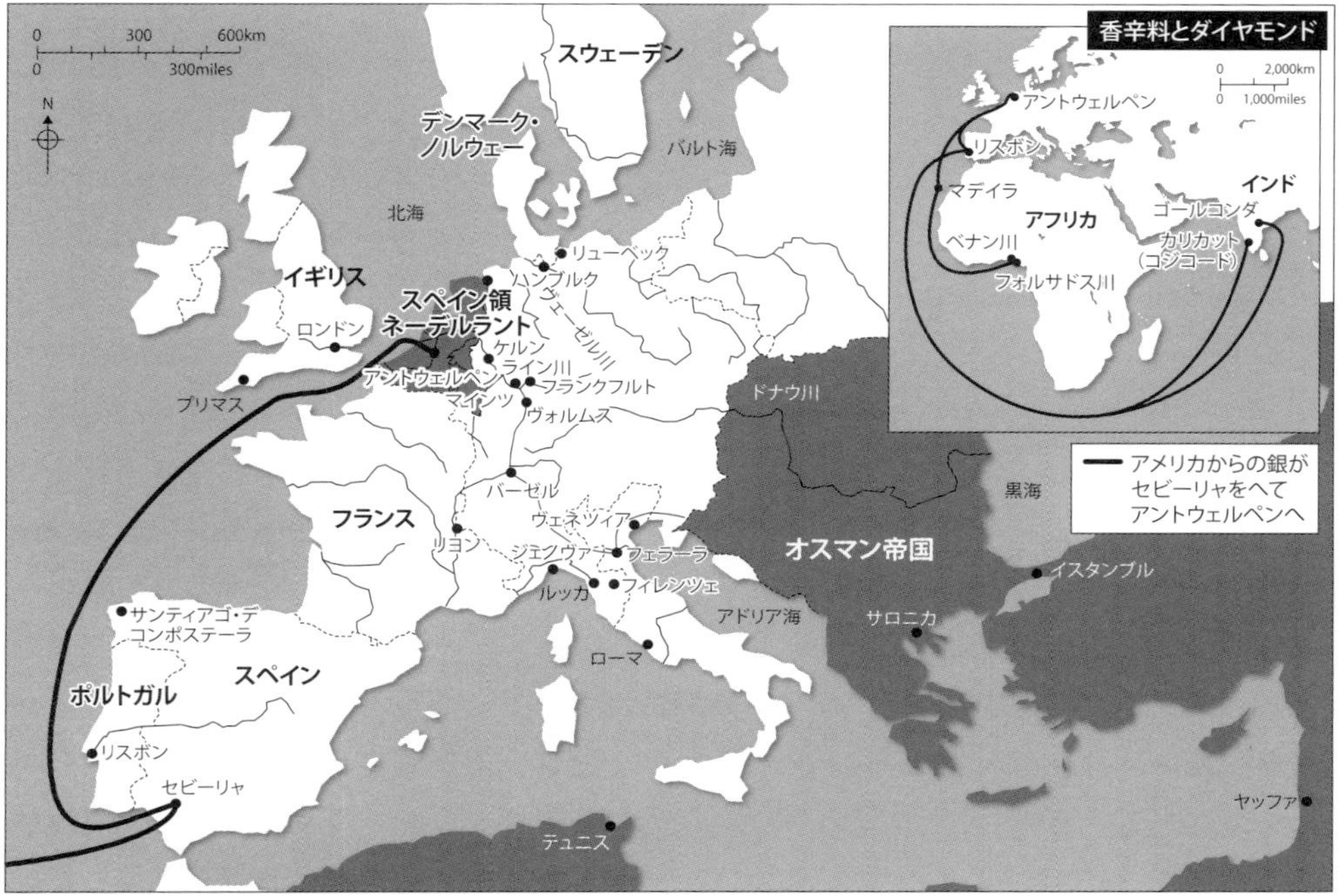

出典：Michael Pye, *Antwerp: The Glory Years*, London: Penguin Books, 2021をもとに作成

さらに、砂糖の取引もアントウェルペンに集中した。１４９２年にコロンブスが新世界を「発見」したことはスペインに大きなプラスになった。それに対し１５００年にポルトガルがブラジルを「発見」して植民地にすると、ポルトガルにとってブラジルは経済的に非常に重要な土地になった。その後間もなくブラジルの砂糖生産量は、それまで砂糖生産の中心地だったポルトガル領のマデイラ諸島とサン・トメ島という大西洋の島々の生産量を圧倒するまでになり、年間１０００万キログラムに近い砂糖を生産するようになった。これ以降、ヨーロッパでは、砂糖とはほぼブラジルの砂糖を指すようになったのである。

ブラジルでの砂糖の生産量が莫大になったため、生産や輸出にともなう費用をポルトガル単独では賄うことはできず、ドイツ、イタリア、ネーデルラントの商人が拠出した。こうして砂糖生産は、全ヨーロッパを巻き込むビッグプロジェクトになった。こうしたこともあり、ポルトガルの首都リスボンは繁栄したが、砂糖の集積港となったのはおもにアントウェルペンだったことに留意しなければならない。

要するにアントウェルペンは、大航海時代において、ヨーロッパにおける商品集散地として大きな役割を果たした。

そのため、この地を統治するフェリペ2世にとっては、自分の拠点はスペインにありながらも、経済的中心はアントウェルペンにおくようになったのである。それゆえフェリペ２世は、南米の銀山から運んできた銀をアントウェルペンに送り込み、取引の対価とした。「繁栄をきわめたスペインが銀の流出によって衰退し、それに代わってネーデルラントが経済の中心になった」という〝解説〟もときどき目にするが、フェリペ2世にしてみればどちらも自分の領土であった。自身の帝国を維持・発展させるためには、まったく当然の判断だったのは、すでに述べたとおりである。むしろフェリペ2世は、アントウェルペンを中心とし、スペインがヘゲモニーを握るヨーロッパ世界経済の形成に失敗したことを推測されるべきであろう。だがそれは、アントウェルペンに銀を輸送したからではなく、同市を陥落させたからであろう。

オランダ独立戦争（八十年戦争）

このように16世紀のヨーロッパ経済の中心となったアントウェルペンで経済活動に当たった人たちは、スペインから逃れてきた新キリスト教徒（イベリア半島で、ユダヤ教徒からキリスト教徒に改宗した人々）が少なくなかった。彼らにとってみれば、カトリックの熱心な信者であるフェリペ2世による弾圧は、耐えることができないものであった。

フェリペ2世の帝国最大の商業都市は、たしかにアントウェルペンであった。しかしアントウェルペンはまた、プロテスタントの都市でもあった。そのため、フェリペ2世に弾圧されていた。そのこともあり、カトリック国であるスペインからの独立を目指すようになる。より正確にいえば、現在のベルギーとオランダにあたるプロテスタントの地域が、カトリックの信仰を強要したフェリペ2世に対して、１５６８年に独立戦争を展開するようになったのである。ただし最近の研究では、スペインとアントウェルペンの経済利害の対立も、オランダ独立戦争の要因であったといわれる。

だが、オランダ独立戦争は１６１８～１６４８年の最後にして最大の宗教戦争といわれる三十年戦争と時代的に重なっており、しかも三十年戦争を終結させたウェストファリア条約で、オランダの独立が承認されたことを考慮するなら、オランダ独立戦争が宗教戦争という側面があったことはたしかである。

ネーデルラントの新教徒に対して、フェリペ2世のスペインがカトリック信仰を強要したことから、１５６８年、独立戦争がはじまった。しかし、ネーデルラント北部にはカルヴァン派が多かったのに対し、南部ではカトリックも多く、両地域には対立関係があった。

そのため１５７９年、北部7州がユトレヒト同盟を結び、ネーデルラントは独立をめざすことになった。１５８１年には北部ネーデルラントの7州がネーデルラント連邦共和国（オランダ）として独立を宣言したのに対し、南ネーデルラントの10州（のちのベルギー）は独立に加わらなかった。オランダとベルギーは、明らかに別の国になっていった。１５８８年にスペインの無敵艦隊がアルマダの海戦でイギリスに敗れると、スペインの地位は低下し、オランダが有利になっていった。

１６０２年に、オランダは東インド会社を創設し、スペインから離れ、明らかに独自の海上発展の道を模索していくことになった。1609年は、オランダとのあいだで休戦協定（それは1621年まで続いた）が結ばれ、オランダは事実上の独立を果たした。

アントウェルペンの陥落

とはいえ、南部諸州も独立を目指していた。そのためフェリペ2世は、1585年に、アントウェルペンを陥落させることになった。このときの降伏の条件として、アントウェルペンに住む非カトリックの市民は、アントウェルペンを立ち去るために2年間の猶予を与えられた。

この頃、プロテスタントや新キリスト教徒の多数の商人が北西ヨーロッパの諸都市、とくにアムステルダムに流出していった。このほかに重要な都市として、ロンドン、ハンブルクなどがあった。このような現象は、ベルギーの歴史家ブリュレによって、「アントウェルペン商人のディアスポラ」と呼ばれた。

1585年にアントウェルペンが陥落し、ここから他都市への移住が加速化されたことは疑いようのない事実であるが、最近の研究では、早くも1540年代から、アントウェルペンからアムステルダムに商人が移住していたことがわかっている。むろん、アントウェルペンから、アムステルダム以外の都市への移住もあったはずだ。すなわちアントウェルペン商人のディアスポラは、16世紀中頃から続いていた現象なのである。

フェリペ2世の過ちは、アントウェルペンを陥落させたにとどまらず、アントウェルペン商人を中心とする帝国の経済システムを完成させられなかった点にある。つまり、フェリペ2世の帝国の没落は、銀の流出が原因ではなく、カトリックを強要したために起きたアントウェルペン商人の他地域への移動に原因があると考えるべきなのである。

アントウェルペンは他の諸都市に先駆けて、１５３１年に取引所が設けられた。それを、資本主義の出発点だとみなしたのもブリュレである。12～13世紀はフランス北東部のシャンパーニュで大市が繁栄し、毎年6回開催された。それに対してアントウェルペンの取引所では、毎日のように取引がおこなわれた。これは、年に数回開催される大市では、もはや商品流通量の増大に対応できなかったためだと考えられる。それはヨーロッパの経済発展を反映しており、発展の中心にアントウェルペンが位置したのである。

アントウェルペン商人が移住したアムステルダムやハンブルクでも取引所が開設されるようになった。この後発の取引所に、アントウェルペン商人のノウハウや知恵が生かされなかったとは思われない。そのため、資本主義の出発点を、アントウェルペンに見いだすことも可能なのである。

戦争と財政　軍事革命の影響

近世以前においては、大砲に代表される火器が導入されるようになり、戦術が劇的に変わった。それにともない軍隊の規模もきわめて大きくなり、徴兵制が導入されるようになる。この影響で社会そのものも大きく変化した。これは、「軍事革命」と呼ばれる。

ジェフリ・パーカーによれば、軍事革命の革新は16世紀にあった。それは、①軍艦の舷側砲の発展、②戦闘によるマスケット銃（火縄銃）と、野砲による援護、③ヨーロッパ史上例のない、急激で持続的な兵力の膨張、④「対攻城砲要塞」の発展を特徴としていた。

これらの革新が先んじて現れた地域だったからこそ、ヨーロッパは他地域を圧倒する軍事力をもつようになった。「軍事革命」がなければ、その後、ヨーロッパの国々が世界を支配することはありえなかったのである。

このように考えると、ヨーロッパの軍隊の規模が急速に大きくなったことが理解できよう。ヨーロッパ最大の軍隊をもっていたのは、おそらくプロイセンであった。ここでは、軍隊の規模が大きくなることが、国家財政に負担をかけた典型的事例として、プロイセンをあげてみたい。

プロイセンが大国化できたのは、軍事力のおかげであった。プロイセンは、国の規模に比べ

図1-4　プロイセンの総収入と総支出　1688-1764年

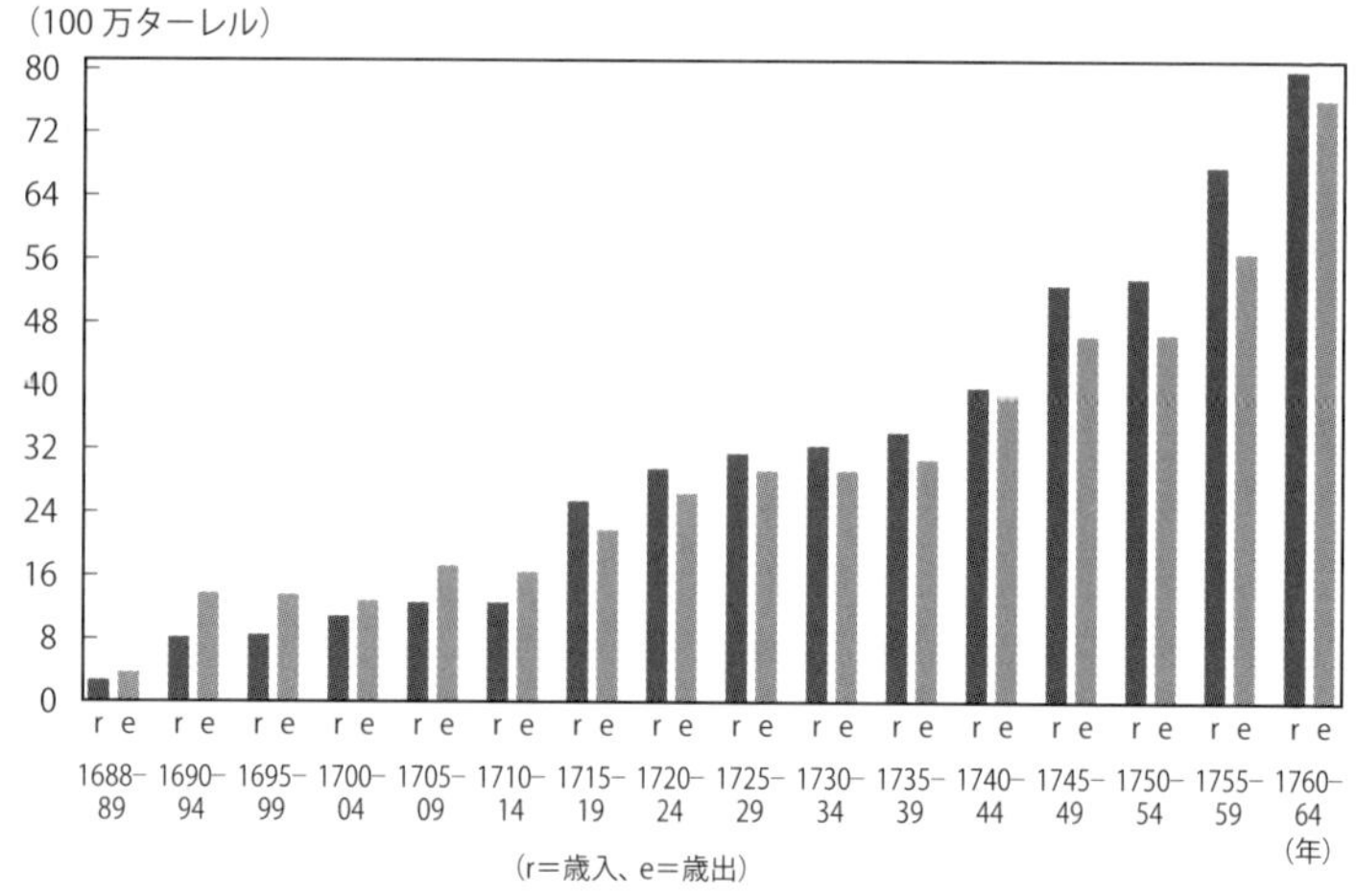

出典：http://www.esfdb.org/table.aspx?resourceid=11774をもとに作成

て軍事力が異常に膨れ上がった軍事国家であった。プロイセンの常備軍は18世紀を通じて増え続けた。１６８８年には３万人であったのが、１７４０年には８１０００人に、１７８６年には19万６０００人にまで増えた。軍事支出も大きくなったので、プロイセンはより多くの国庫収入を図る必要があった。こうしてプロイセンの財政規模は、図１―４に見られるように、みるみる膨らんでいったのである。

しかし、巨額の軍事支出を賄うため、プロイセンはより多くの国庫歳入を図る必要があった。そこでフリードリヒ大王は、殖産興業に乗り出した。具体的には、製糖業に力を入れはじめたのである。

表１―１は、バルト海地方における主

表1-1　バルト海地方の主要貿易港の植民地物産輸入量

（単位：重量ポンド）

年度	ダンツィヒ	スウェーデン	シュテッティン	サンクト・ペテルブルク	リーガ
1701－10	14,201,961	2,749,219	92,676	0	1,427,287
1711－20	29,669,704	12,001,932	251,305	1,170,070	2,567,588
1721－30	46,263,537	25,709,187	2,515,918	8,556,402	5,084,161
1731－40	22,268,740	21,062,459	2,203,880	15,068,467	2,516,203
1741－50	45,032,275	47,670,376	5,633,509	28,911,517	4,005,571
1751－60	71,695,483	69,113,422	27,412,922	50,184,048	5,213,505
1761－70	109,636,076	92,656,229	95,571,365	82,483,425	6,879,054

出典：Nina Ellinger Bang and Knud Korst Eds., *Tabeller over Skibsfart og Varetransport gennem Øresund 1661–1783 og gennem Storebælt 1701–1748*, 4 Vols., Copenhagen and Leipzig, 1930–1953

要貿易港の植民地物産（砂糖・コーヒー・紅茶・染料など）の輸入量を表している。ここで注目すべきは、シュテッティンの植民地物産（その多くは砂糖）の輸入量が他地域よりも数段速いペースで増加していることである。シュテッティンはオーダー川（現在のポーランドとドイツ国境を流れる川）流域の都市で、フリードリヒ2世（在位：1740〜1786）はこの都市の近郊に製糖所を建てた。当時、砂糖の貿易は非常に儲かった。それがシュテッティンの輸入量の激増の原因であった。

製糖業を発展させ、国富増大を図ったフリードリヒ2世だったが、事態はそう簡単には運ばなかった。18世紀のヨーロッパの製糖業の中心はハンブルクであり、シュテッティンの砂糖は、最終的にハンブルクの砂糖との価格競争に勝てなかったからだ。

プロイセンのように大規模に常備軍を保持すれば、軍事力としては強大になったが、その代わりコストも莫大になる。平時においてもかなりのお金が必要になるのに、戦争となればさらに巨額の費用が必要になる。

フリードリヒ2世がプロイセンをヨーロッパの列強に押し上げたのは事実である。しかし、オランダ、さらには次章で述べるようにイギリスが整備したような国債（公債）を利用した近代的な財政システムを利用していれば、その後のヨーロッパの勢力図は全く違うものになっていたかもしれない。長期的に戦争を遂行する点で、プロイセンの財政システムは効率的だったとは決していえない。プロイセンを典型的な軍事国家だとする見方は、改めるべきであろう。

オランダの国制と財政・金融システム

オランダは、世界史上最初のヘゲモニー国家とされる。オランダの国家としての特徴は、非中央集権性、あるいは分裂性にあった。

オランダは、七つの州に分かれていた。そのなかでもっとも強力だったのは、「オランダ」の語源となったホラント州である。それでも、他の諸州が連合すれば、ホラント州を抑えることは十分にできるくらいの強さでしかなかった。オランダは連邦共和制の国家であったが、各州の独立性が強く、中央政府も圧倒的なパワーはもっていなかったのである。

またオランダでは、各州が公債を発行していた（国債を発行することはなかった）。公債は、下層階級の人々も買い求めるほど人気があったので、売れ行きは非常に良好であった。そのためオランダの州政府は、公債の利率を低めに抑えることができたのである。

公債の利率は、1600年頃には6・25パーセントであったが、17世紀末には3パーセントにまで低下した。ジェノヴァを除く他のどのヨーロッパ諸国よりも、オランダの公債の利率は低くなった。

ヨーロッパでもっとも金融技術が発達した国でもあったオランダは、ヨーロッパ経済の中心地となったので、重要な商業情報がどんどん蓄積された。そのためオランダ人は、どこに投資すれば最大の利益がえられるのかを知っていた。そしてオランダ資金がどこに流れるかは、ヨーロッパ経済の趨勢を左右するほど重要なポイントになっていった。

ヨーロッパで最初に財政制度が近代化したのは、オランダであった。少なくともそれが、オランダの財政史研究者の一致した見解だといってよい。オランダは、1568年から1648年にかけて、スペインからの独立戦争（八十年戦争）を戦った。そのため借金をする必要に迫られ、財政制度が近代化された。

フランスとの戦争と国内の政治関係の変化のため、オランダは、州議会年金の導入に代表される財政改革が導入された。そのため18世紀のイギリスよりも2世紀以上前のオランダで、公信用（国家が借手または貸手となって取り結ぶ信用関係）が発展したと主張するのは、アメリカ人のオランダ史家ジェームズ・トレーシーである。さらにオランダでは、英蘭戦争と九年戦争（１６８８〜１６９７）のため、１６９０年代には国家予算の90パーセントが軍事費にあてられたとされる。そのためオランダは、「戦争国家」（Staat van Oorlog）と呼ばれるようになっていったのである。

黄金時代のオランダ

オランダの財政史研究をリードしてきたマーヨレイン・タールトは、オランダはホラントがもっとも有力だったものの、他の州を圧倒できるほどの力まではなかったと述べた。彼女はオランダの連邦制＝地方分権制を強調し、17世紀には一国が経済の単位となる国民経済は誕生していなかったと主張した。

オランダでは、全国的規模で徴収される税金は、塩税だけであった。消費税は州ごとに課されていた。そして、州によって、財政制度に少しずつ差があった。

17世紀のオランダは、ヨーロッパで一人当たりの税負担がもっとも大きな国であった。この時代のオランダは、「黄金時代」と呼ばれることがある。17〜18世紀オランダの一人あたりの税負担は、イギリス・フランス以上のスピードで増えた。富裕層よりもむしろ中産層（Middle Class）に、より多くの課税負担があった。それにもかかわらずオランダが繁栄できた大きな理

図1-5　ホラント州の公債発行の累積額

出典：Marjolein 't Hart, "The merits of a financial revolution: public finance, 1550–1700" in Marjolein 't Hart, Joost Jonker and Jan Luiten van Zanden Eds., *A financial history of The Netherlands*, Cambridge: Cambridge University Press, 1997をもとに作成

由は、貿易にかかる税金が少なかったからである。さらに、１６０９年に創設されたアムステルダム銀行も、イギリス銀行とは異なり、18世紀末までの共和国時代には、中央銀行にはならなかった。このようにオランダは共和国が消滅して王国となるまで、州の緩やかな連合体から構成される非中央集権的な国家であったのである。この点に、イギリスとの最大の相違が見られる。

図１－５は、ホラント州の公債発行の累積額を示したものである。ホラント州は、何とか公債発行額を減少させようとしたが、それらは成功しなかったことがわかる。

オランダの黄金時代は、また重税時代でもあった。ホラント州だけではなくオランダという国全体で、一人当たりの税負担額が増えていった時代である。それは、戦争のために戦時には公債を発行し、それを返済するというシステムを形成したため、各州は、住民への税負担を増加せざるをえなかったからである。

州の税負担を軽くする工夫

オランダでは州ごとに公債を発行していた。また百分の一税（公債購入額に対する1パーセントの税）や二百分の一税（公債購入額に対する0・5パーセントの税）などが公債に課された。そのため、公債の実質的な利率は低下していった。しかしながら、その間に公債購入者の所得層が拡大し、都市の有力者にとどまらず、船長や水夫、職人層、徒弟さえも公債を購入した。またしばしば女性が財産として公債を保有していることがあり、連邦債とホラント州債の40パーセントを女性が保有していた。このように、女性が社会に大きく進出していたことが、オランダの大きな特徴であった。オランダ史の研究者は、それを"Girlpower"と呼んでいる。

17世紀のオランダは、公債が社会の隅々にまで浸透した社会であった。この特徴は、18世紀のイギリスにも受け継がれるが、オランダはイギリス以上の「公債社会」だったと考えられる。あるいは、18世紀のイギリスを「投資社会」といった坂本優一郎の言葉を借りるなら、オランダはイギリスより先に「投資社会」となった国であった。オランダは八十年戦争の過程で、ホラント州を中心とする非中央集権的国家をつくり上げたのである。

「投資社会」とは、国家ないし地方財政で国債（公債）を発行し、それが金融商品になるということを、特徴の一つとするはずである。国債（公債）の発行は財政史の、金融商品は金融史のジャンルになる。オスカー・ヘルデルブロムとヨースト・ヨンカーが、17世紀初頭のオランダでは、金融派生商品が取引されるようになったといったのは、州の財政と個々人の金融資産が連動したということであろう。だが、その詳細はまだわからない。

オランダでは、イタリアとは異なり、強制公債（国が戦争その他の非常の場合などに起債し、その権力により強制的に国民に引き受けさせる公債）はほとんど発行されず、人々は、自発的に公債を購入したのである。ただし、起債された公債を、具体的にどのようにして購入したのかは、正確にはわからない。

だが、ホラント州に住む人々が州債を購入したということは、彼らがホラント州の経済力を信じていたことの証拠となる。

オランダは近代的だったのか？

オランダの近代性を強調するヤン・ド・フリースは、オランダには封建制がなかったので、近代的経済成長＝持続的経済成長が可能になったと主張した。そのオランダに関して14世紀中葉から19世紀中葉における国民所得の年平均成長率は、0・19パーセントであったという研究もある。わずかな成長率ではあったが、オランダは持続的経済成長の実現に成功したのである。

一般的に、オランダ史家はオランダの「近代性」を強調することが多いように思われる。すでに言及したド・フリースとファン・デア・ワウデが、オランダを「最初の近代経済」と主張したのは、その一例である。ここでは主として、近年目覚ましく発達している財政史研究からオランダの近代性について論じてみたい。

イギリス史家ディクソンが『財政革命』を上梓したのは、１９６７年のことであった。同書は、イギリス財政史に関する記念碑的業績である。イギリス人の歴史家ヘンリ・ローズウェアが同書を、これまで乗り越えられたことはなく、またその必要もない作品とまでいった。たしかに現在もなお、近世イギリスの財政に関して、同書ほど詳細な研究はない。

ディクソンが本書で主張したことを端的にあらわせば、イギリスの公信用の発展である。イングランド銀行が国債を発行し、その返済を議会が保証した制度――ファンディングシステム――こそ、イギリスを近代国家ならしめた制度であったというのだ。彼の論の影響は大きく、たとえばグローバル経済史家として、さらにはイギリス財政史家としておそらくもっとも知名度があるパトリック・オブライエンの一連の研究も、基本的にはこのパラダイムに従っているといってよいほどである。

ディクソンのこのような主張に対して、オランダの先進性を主張したのがすでに述べたジェームズ・トレーシーである。トレーシーによれば、フランスとの戦争と国内の政治関係の変化のため、ハプスブルク家は、州議会年金（renten）に代表される財政改革を導入した。トレーシーは、18世紀のイギリスよりも2世紀以上前のオランダで、公信用が発展したという。このようにトレーシーは、財政面から見たオランダの近代性を強調するのである。

オランダの近代性はまた、市場の発達という面からも論じられる。たとえばドイツ人のミハエル・ノルトが示したように、17世紀中頃の「黄金時代」のオランダでは、絵画も、市場での取引を目指して制作されたという。ノルトもまた、オランダ経済の近代性を主張する。

しかしオランダ史家がしばしば主張するオランダの近代性とは、本当に「近代的」といえるものなのであろうか。あるいは、イギリスの「近代性」と同じなのか、それとも違うのか。

イギリス史家ジョン・ブリュアが提唱した財政＝軍事国家（国家予算に占める軍事費の比率が非常に高い国家）によれば、18世紀のイギリスは、財政・金融システムにおいて、中央集権化を強めた。それは基本的には戦争遂行のために巨額の財源が必要になったからである。間接税＝消費税がその主要部分を形成した。

八十年戦争を経験していたオランダが、イギリスに先立って財政・金融制度を近代化していったことは確実である。そのノウハウがイギリスに導入されたことも間違いない。しかし根本的にこの2国の財政制度・国家システムには、著しく違う点もある。

オランダ財政史家のヴァンチェ・フリッチーによれば、イギリスとは対照的に、オランダ共和国は建国以来ずっと地方分権が続き、中央集権化したのは、フランス革命期のフランスによるオランダの占領時であった。それはまた、フリッチーと共にオランダ財政史で目覚ましい業績をあげつつあるマーヨレイン・タールトの立場でもある。

　イングランドの財政革命はイングランド銀行を通じて、長期債を発行することで生じたが、フリッチーは、オランダ共和国では、財政革命は短期債が増大したと主張した。彼女の考えでは、これはオランダの近代性のあらわれなのだが、おそらく18世紀のイギリスと比べた場合、戦争遂行面での効率の悪さにつながったであろう。

　またここから考えると、イングランドの長期債発行はオランダモデルを導入したというブリュアの見解は、修正を余儀なくされよう。フリッチーはまた、オランダは分権的であったために税の徴収効率が悪かったとする意見に反論し、少なくともホラントにおいては、財務局（Kantoor van de Financièn van Holland）による中央集権的な税収の体系化が進んだと主張した。彼女は国家形成における都市の役割を重視し、「公債を維持する都市の能力が、数多くのヨーロッパ諸国の国家形成の過程で、重要な役割を果たした」と述べる。

　しかしこれは、都市公債の延長線としての色彩が強く、イギリスのように、中央銀行である（正確には、のちに中央銀行になった）イングランド銀行が発行する国債の返済を、議会が保証した制度（ファンディングシステム）とはかなり異なっているといわざるをえない。私の目には、このようなシステムに「近代的」という修飾語をつけること自体はばかられるのである。近代的経済成長＝持続的経済成長を遂げたからといって、財政システムが近代的だったわけではない。

オスカー・ヘルデルブロムとヨースト・ヨンカーの研究でも、オランダでは主に民間部門の金融が発達し、少なくともイギリス型のファンディングシステムは発達しなかったことがわかる。ここからも、国家システムとして、オランダはイギリスほどには経済効率がよくなかったと考えられるのである。

このようなことを考慮すると、オランダ人が主張するほどに、オランダの財政制度が近代的であるとは、どうしても思えないのである。別の表現を用いるなら、オランダは早発の経済ではあったが、近代的経済国家ではなかったといえる。ヨーロッパ諸国家は、近世において多数の戦争を経験し、そのために借金をし、それを返済するために国民に税金をかけた。税金をかけられた範囲が領土になったといってよい。八十年戦争の影響で財政制度を大きく発展させたオランダであるが、長期債ではなく短期債の発行が主流であったことを考えるなら、それはイギリスと比較するとむしろ中世的だったといえるであろう。

イギリスのFinancial Revolutionを財政革命と訳すべきか金融革命と訳すべきかという問題は、この革命の範囲をどこまであてはめるかによる。証券取引所の発展まで含めれば、「金融革命」と訳すほかない。あるいは、「財政・金融革命」と呼ぶこともできよう。いずれにせよ、ディクソンが論じたように、Financial Revolutionのなかに、イングランド銀行を中核とする公信用の発達を含めないわけにはいかないのである。この点を、オランダの歴史学界は見逃しているように思われる。あるいは、自国史の解釈にあまりに都合よく利用しているといった方がよいかもしれない。少なくとも、イギリスとオランダのFinancial Revolutionの概念は、じつは似て非なるものといえよう。

イギリスは、国家が経済発展を強力に支援し、商人の保護費用を負担した点で、オランダよりもすぐれた経済システムをもっていた。

たしかにオランダは、「最初の近代経済」だったかもしれない。しかし、決して「最初の近代経済国家」ではなかった。イギリスは現代社会形成の直接の祖といえるが、オランダはそうではなかったのだ。この違いは、やはりきわめて大きいといわざるをえない。オランダ財政制度の近代性を、あまりに強調してはならない。

宗教的寛容と情報

オランダは、１６４８年のウェストファリア条約で、正式な独立を果たした。しかしそれ以前に、すでにヨーロッパで最大の経済大国となっていた。それは、オランダの「宗教的寛容」のためであった。

キリスト教は一神教であり、他の宗教に対しては排他的であった。ローマ・カトリック教会は、「異端は異教よりも悪い」などといって、自分たちの考え方の絶対的正しさを強調したがる。それが、こんにちにまで至るヨーロッパ社会の不寛容性の大きな原因の一つになったのである。

そのようなヨーロッパに、「寛容性」を特徴とする地域が出現すれば、そこにはさまざまな宗派に属する人々が集まってくるはずである。近世において、そのような場所があるとすれば、文化が融合するだけではなく、宗派ごとの商業情報が集まってくることになる。それは、オランダであり、とくにアムステルダムであった。

アムステルダムは、近世のヨーロッパ都市としては、信じられないほど宗教的寛容に富んだ都市であった。オランダ共和国はカルヴァン派の改革派教会の国家であり、カトリックに敵対的であったにもかかわらず、オランダは、宗教的には他国よりもはるかに寛容だったのである。それは１５７９年にスペインからの独立を目指すユトレヒト同盟結成時に、「何人も宗教的理由で迫害されることも、審問されることもない」と決められていたからである。

オランダの宗教的寛容の代表が、アムステルダムであった。アムステルダムは、ヨーロッパ最大のセファルディム（15世紀末にイベリア半島を追放されたユダヤ人）の居住地であり、ユダヤ教徒のためのシナゴーグまでつくられたのである。

このように、アムステルダムには、さまざまな出身地、宗派の商人が移住してきた。彼らは、出身地と緊密な関係を築くことも珍しくはなく、アムステルダムにいると、彼らの出身地の商業情報が比較的容易に入手できたと推測される。

さまざまなバックグラウンドをもつ商人が、アムステルダムでの商業取引に従事した。プロテスタント商人とカトリック商人、場合によってはユダヤ人、さらには、ユーラシア世界の商業でもっとも重要な人々であったアルメニア人までもがアムステルダムという狭い空間で商業活動をした。アムステルダムは、異文化貿易間交易の中心であり、多くの地域の商業情報をここで入手することができたのである。

アムステルダムには、商品にかかわる情報が流入する。そして、アムステルダムを通じて、ヨーロッパのさまざまな宗教・宗派に属する商人の取引が可能になった。さらに、その情報は、アムステルダムから他のヨーロッパ諸地域に流れることになったのである。

人口の流動性が高いアムステルダム

表1－2に示されているように、アムステルダムに居住する人々のなかで、同市出身のものの比率は、17世紀には30パーセント台にすぎない。それ以降も50パーセント台とかなり少なく、さらにオランダ国内だけではなく、外国からの移民も多いことがわかる。

ここから判明するように、アムステルダムには、たしかに多くの移民が流入したのであるが、その一方で、多数の人々がアムステルダムから別の地域に移動した。

アムステルダム出身ではない商人のなかには、アムステルダムに定住する者もいれば、他地域に移住する者もいた。アムステルダムに移住した商人は、その世代のうちに別の地域に移住することもあれば、数世代をへて移住することも、あるいは定住することもあった。アムステ

表1-2　アムステルダムの人々の出身地

出身地	1600年	1650年	1700年	1750年	1800年
アムステルダム	20,000	70,000	125,000	112,000	117,000
	30.8%	40.0%	54.3%	51.0%	53.2%
他のホラント都市	2,500	10,000	9,000	7,000	10,000
	3.8%	5.7%	3.9%	3.2%	4.5%
ホラント農村部	4,000	7,000	7,000	4,000	6,000
	6.2%	4.0%	3.0%	1.8%	2.7%
オランダの他地域	13,000	23,000	32,000	35,000	36,000
	20.0%	13.1%	13.9%	15.9%	16.4%
国内からの移民合計	19,500	40,000	48,000	46,000	52,000
	30.0%	22.9%	20.9%	20.9%	23.6%
ドイツ	16,000	35,000	32,000	40,000	43,000
	24.6%	20.0%	13.9%	18.2%	19.5%
ベルギー・フランス	4,500	11,000	7,000	1,000	1,000
	6.9%	6.3%	3.0%	0.5%	0.5%
イギリス	1,000	1,000	1,000	1,000	1,000
	1.5%	0.6%	0.4%	0.5%	0.5%
他の外国*	4,000	18,000	17,000	20,000	6,000
	6.2%	10.3%	7.4%	9.1%	2.7%
外国からの移民合計	25,500	65,000	57,000	62,000	51,000
	39.2%	37.1%	24.8%	28.2%	23.2%
合計	65,000	175,000	230,000	220,000	220,000

＊スカンディナヴィア系の姓
出典：Jan Lucassen, “Immigranten in Holland 1600—1800: Een kwantitatieve benadering”, Centrum voor de Geschidenis van Migranten Working Paper 3, 2002, table 5をもとに作成

ルダムは、まさに商人のるつぼであり、アムステルダムで獲得した商業情報は、そこから移住する商人の手によって、他地域にも伝えられたと考えられるのである。それが可能だったのは、オランダが宗教的寛容の国だったからである。

商業情報のハブとしてのアムステルダム

商人の移動は、情報が人を媒介として伝播していったことも意味する。しかし情報はまた、「活字」を媒介として伝播していった。この点から見て重要なのは、価格表と商業新聞である。

近世には、大量の商品が新世界やアジアからヨーロッパに流入した。アジアの商品はすでにヨーロッパに輸入されていたが、その規模は大きく拡大した。それに対し、新世界の物産は、ヨーロッパ人には初めてのものであった。そのために、アムステルダムをはじめとするヨーロッパ諸都市は、商品の価格を掲載した価格表、さらには商業新聞を発行した。このような情報発信拠点となったのが、アムステルダムであった。

アムステルダムはヨーロッパ経済の中心であったので、この都市の市場の価格動向は、いうまでもなく、他のどの市場よりも重要であった。アムステルダムの商業情報は、1~2週間で他のヨーロッパ諸都市に届いた。そのため、ヨーロッパの人々はアムステルダムと類似の商業情報をもつようになった。

さらに公的な情報伝達の手段である新聞や価格表に加えて、商人のネットワークによる情報伝達もあった。商人は、取引する商品の品質について、商業書簡を用いて知らせていた。この頃の商人は、1日何時間もかけてせっせと故国に手紙を書き、現地の商業情報を流していた。それを支えたのが、ヨーロッパ全土に広がる商人の私的なネットワークであった。

アムステルダムに移り住んだ商人は、出身地の商業ノウハウ、ネットワークなどをアムステルダムに持ち込み、それはアムステルダムの重要な資産となった。アムステルダムの優位の一部はそのために生じたのである。ただその優位性は、商人がアムステルダムから移動することによって、アムステルダムやオランダにとどまることなく、他国に輸出されたため、失われてしまうことになったのである。

アムステルダムでは、比較的自由に情報が伝達された。アムステルダムは、ヨーロッパの出版の中心であり、さらに情報センターであった。情報の伝達形式として、「発話」から「印刷」という形式に変化した。そのような情報が、ヨーロッパのあちこちに伝播していったのである。それは、経済学でいう「情報の非対称性」が少ない社会が誕生し、人々が容易に市場に参加できたことを意味する。つまり、多くの人々が比較的容易に事業活動に参加できた社会が形成されたのである。

情報の非対称性とは、経済取引において、ある参加者が他の参加者よりも多くの情報をもっている状況を指す。一般に、専門家は非専門家よりも良質な情報をもっており、そのため非専門家である顧客に質の悪い商品を販売するかもしれない。そうすると、良質な商品やサービスが市場から選ばれず、劣悪な商品やサービスが選ばれることになるかもしれないのだ。逆にいえば、情報の非対称性が少ない社会が誕生すると、商業活動に従事するためのコストは低下し、市場は円滑に機能する。そういう社会が、アムステルダムを中心として、17世紀のヨーロッパで誕生したのである。

オランダが促進したヨーロッパの経済成長

近世のオランダは、分裂性が強い国家であった。もっとも強力であったのはホラント州であったが、他の6州が団結すれば、決してホラント州が自分勝手な行動をすることはできなかった。

17世紀のオランダの生活水準は、ヨーロッパのなかでも、もっとも高かった。さらに17世紀アムステルダムは、ヨーロッパの金融市場の中心であり、同市には巨額の富が蓄積された。その富は、アムステルダムの人々を惑わせるほど巨額であった。

オランダは、比較的下層の人々にいたるまで、公債に投資するような、投資社会であった。オランダ人は有利な投資先を求めて、オランダ国内よりも、外国に投資したのである。オランダの利率は低く、人々はより利率が高く将来性のあるマーケットに投資しようとしたのである。

アムステルダムは商業情報の中心であったので、それは容易であった。さらに、オランダの政府の権力は弱く、オランダに住む人々の投資をコントロールするほどの力はなかったのである。

オランダの投資額と投資先については、はっきりしたことはわからないものの、ほぼ確実なこととして、外国への投資先としてもっとも重要であったのがイギリス、ついでハンブルクだったことがある。

オランダ人は、イングランド銀行が発行する国債を購入し、イギリスが（世界経済全体の）ヘゲモニー国家になるのに寄与した。ハンブルクについては、１６１９年に創設されたハンブルク銀行に巨額の出資をした。その効果もあり、ハンブルクは、ヨーロッパでも有数の為替取引の決済の拠点として興隆したのだ。

しかしこれらの行為は、長期的には、オランダ「国家」にとっては負の作用をもたらし、オランダ衰退の一因となっていったのである。

オランダの国制自体が、オランダ経済の衰退と、ヨーロッパ経済の発展をもたらした。オランダには、国家が情報を管理するという思想はなかったし、また、そのための制度もなかった。アムステルダム商人は、政府の意思とは関係なく、政府のバックアップを受けずに活動をすることができた。それは、オランダが経済的先進地帯であったので、国家による保護は必要としなかったからである。

しかしそのことは、長期的には、オランダ経済にはマイナスに作用し、ヨーロッパ経済全体としてはプラスに働いた。オランダ人の行為は、長期的にはオランダにとってマイナスであったが、それは、オランダが台頭した国制が、今度は負の作用をもたらしたということなのである。

17世紀ヨーロッパのヘゲモニー国家オランダは、まだ世界のヘゲモニー国家とはいえなかった。オランダの海外の植民地はあまり多くはなかったし、蒸気船が出現するまでは、世界中に大量の商品を輸送することは不可能だったからである。

蒸気船により世界の商品を比較的短時間で輸送し、電信により世界各地の情報を入手したばかりか、世界貿易の決済がロンドンでなされるようになった19世紀末のイギリスと比較すると、オランダが世界全体の経済におよぼす力は、まだまだ小さかったのである。

それとは対照的にイギリスは、世界的な大帝国となっていった。ではイギリスは、なぜ興隆したのだろうか。

第2章

財政＝軍事国家イギリスの興隆

オランダのヘゲモニーと他のヨーロッパ諸国との多様な関係

17世紀のヘゲモニー国家のオランダは、多数の分野で他のヨーロッパ諸国よりも強い経済力をもっていた。したがって、オランダにとって、自由放任経済こそ最大の利益をもたらすことになった。

そのため、「自然法・国際法の父」といわれるオランダ人のフーゴー・グロティウスが、17世紀初頭、通商の自由を主張したのである。しかしそれは、ヨーロッパ内部でのことであり、アジアでの貿易に関しては、保護貿易を主張したとされる。これは、グロティウスがオランダのイデオローグであったばかりか、オランダのヘゲモニーがおよぶ範囲は、ヨーロッパ内部にかぎられていたことを明確に示す。この事実は、非常に重要である。

オランダは、中央集権化傾向を示さない国家であった。かなり地方分権的な国制であったためにヘゲモニー国家になったのであるから、ヨーロッパ最大の経済大国であったがゆえに、中央集権化する必要はなく、国家の経済への介入も少なかった。オランダの国制は、神聖ローマ帝国の末裔といってよいほど地方分権的であった。とはいえ先進国であるオランダには、中央集権国家になる必要性はなかった。

しかし他国は、オランダに対抗するために、国家が大きく経済に介入し、程度の差はあれ、国家主導型の経済発展をした。だからこそさまざまな国が中央集権化していったのであり、この点で、西欧であれ北欧であれ、同じような国家構造を有していたということができる。近世のヨーロッパ国制史を研究するには、このような視点が不可欠であろう。言い換えるなら、いまだ中世的な国制をもつオランダがヘゲモニー国家であったからこそ、それに追いつき、追い越そうとして、いくつもの中央集権化した主権国家が出現したのである。

国家の経済への介入が、国家による商業活動の保護につながった。それゆえ、重商主義政策が必要になったと考えられよう。それは、いわばオランダ以外のヨーロッパ諸国の経済的後発性のあらわれなのである。

経済発展における国家の役割を軽視すべきではない。もし国家が商業活動を保護しなかったなら、近世ヨーロッパの経済発展はなかっただろう。パトリック・オブライエンによれば、国家は、軍事力により商業を保護し、経済発展に必要な公共財を提供したのである。換言すれば、経済発展に必要な「制度」（社会的な枠組み）を生み出したのが、国家による政策であり、最大の成果をおさめたのがイギリスであったと力説しているのである。これが、現在のヨーロッパの経済史学界で基本的に支持されている学説だといってよい。それはまた、重商主義研究の泰斗、ラース・マグヌソンの主張でもある。

17世紀の戦争と異なり、18世紀の戦争はヨーロッパ以外の地域でも戦われた。その中心となったのは、イギリスとフランスであった。両国が18世紀の戦争で中心となったのは、この二国がそれに耐えうる規模の国家財政を有していたからにほかならない。

ヨーロッパは領土を拡大し、イギリスをはじめとして、いくつもの国が「帝国」を形成した。つまり帝国の形成と国民国家の誕生は同時に生じた現象なのである。ヨーロッパ諸国の帝国形成と国民国家の誕生は、ほぼ同時期に進行した事象であった。その際、国家財政の問題が大きく関係している点に注目すべきであろう。この点で、イギリスが最大の成功をおさめた国家だといえるだろう。

ウォーラーステインによれば、17世紀のオランダ国家は、経済面では国の内外で十分強力であったために、重商主義政策は必要としなかった。また軍事面でも、オランダ艦隊は十分に強力であった。しかしオランダの軍事力に関しては、アムステルダムが武器貿易の中心であり、そのため戦略・戦術に関する情報が比較的容易に入手できたことを見逃してはならない。アムステルダムは、軍事情報が集約される地でもあったかもしれないのである。

なにも強力な、あるいは規模の大きな軍隊をもつことが、軍事強国になる唯一の手段ではなかったことを、すでに第1章で主張した。

ここから想起されるように、ヨーロッパ近世の軍事国家像は、大きな転機をむかえている。現実に武器貿易に関与した商人がもつ情報こそ、戦争の勝利に必要なストラテジーの形成に欠かせないものだったと考えられる。武器も情報も商品として大きな価値をもつ。それはオランダが17世紀に「黄金時代」にいたった要因の一つになったと推測できるからである。

財政システムの発展　財政国家から財政＝軍事国家へ

ヨーロッパ全体を見渡すと、中世以来、主権国家へと発展していったことは紛れもない事実である。徐々にではあるが、「王室財政」から「国家財政」へと進んでいったことは否定できまい。国家構造から見れば、中央集権化が進展を遂げたといえるだろう。このようなタイプの財政をもつ国家を、「財政国家」という。

もともと、国家財政とは王室財政そのものであるか、王室財政と未分化な状態にあった。王室財政というものはなくなっていき、国家財政に統合される。換言すれば、これは国家制度の近代化の過程を意味しよう。このような観点からの国家財政史研究が進みつつある。その傾向を端的に示すのが、「財政＝軍事国家」である。すなわち、「財政＝軍事国家」とは、「財政国家」研究の延長線上にあるのだ。

「財政＝軍事国家」とは、その語のとおり、国家財政に占める軍事費の割合が非常に高い国家のことであり、具体的には18世紀のイギリスを意味する。戦時においては、イギリスの国家予算に占める戦費の割合は60パーセント以上あった。１７１０年においては、国民所得に占めるイギリスの軍事費は９パーセントであったが、１７６０年になると14パーセントにまで上昇した。

「財政＝軍事国家」は、１９８９年にイギリス史家ジョン・ブリュアの著書『権力の腱』（大久保桂子訳『財政＝軍事国家の衝撃――戦争・カネ・イギリス国家　１６８８－１７８３』名古屋大学出版会、２００３）によって提唱されたものであり、現在では近世のヨーロッパ諸国を表す用語として、広く使用されるようになった。国家予算に占める軍事費の支出が増えるのは、なにもイギリスにかぎられた話ではなかったからである。

ブリュアの議論が出現したのも、ヨーロッパ的規模での財政史研究の発展があったからである。すなわち、「財政国家」の研究があったからこそ、財政＝軍事国家が提唱されたのである。かつて、オーストリア人の経済学者Ｊ・Ａ・シュンペーターがいみじくも喝破したように、「財政需要がなければ、近代国家創成への直接要因は存在しなかった」とすれば、財政史研究こそ、近代国家形成の研究ともいえるのである。

近世ヨーロッパの財政需要は軍事支出の急増によってなされたものであるのだから、「軍事革命」と近代国家の出現とは表裏一体の関係にあった。国家の戦争遂行能力とは、かつて考えられていたように大規模な官僚制度を創出できる能力にかかっているのではなく、戦費調達能力によるという考え方が、こんにちの欧米の歴史学界では支配的になりつつある。このようなことから、プロイセンを典型とする軍事国家研究とはタイプの異なる軍事史研究がなされるようになっている。世界最大の帝国を形成したイギリスこそ、本来目指すべき軍事国家像ではなかったか。

軍事革命が財政支出を増大させ、それが近代国家形成への大きなインパクトになったのである。そしてまた、増大する財政支出に応えるべき資金をどのようにして調達したのかということは、非常に大きな問題となるはずである。

国家財政の重要性

オランダに対抗するために、国家が強く経済に介入することは、ヨーロッパ諸国に広くみられた特徴であった。そのために経済成長が生じたのである。このような立場から議論する際に、何よりも重要なのはアメリカ人の歴史家フレデリック・レインの議論である。

彼の考えにもとづくなら、たとえば中世のヨーロッパでは、商人は取引のために旅行する際、海賊による略奪から自分たちで身を守るか、誰かに守ってもらうための費用（保護費用）の出費を余儀なくされた。これをレインは、「保護レント」（protection rent）と呼ぶ。ヨーロッパ全体が、程度の差こそあれ、国家が保護費用を負担し、企業家は保護レントの支払いを完全にとはいえないにせよ、かなりの程度免れたのである。

17世紀に「黄金時代」を経験したオランダの経済力も、18世紀には衰える。その理由の一つは、オランダ政府がオランダ商人を保護し、保護費用を国家が負担することでオランダ商業を活発にすることができるほど、オランダ国家は強力ではなかったからである。共和国時代のこの国家の特徴は、あくまでその分裂性にあり、中央集権制が強化されるのは、王国になった19世紀初頭を待たなければならない。国家が商人を保護すれば、商人が負担していた自衛のための費用を国家が肩代わりすることになり、当然、取引コストは低下する。したがって、イギリスの貿易は、オランダの貿易以上に盛んになったのである。

近世のヨーロッパ、とくに北ヨーロッパにおいては、多数の国々が戦争を遂行し、その過程で国民国家が誕生していった。国家とは、中央政府によって税がかけられる範囲を意味するようになった。

このような過程を考えるなら、国家財政の効率性こそが、国家運営の効率性を示すと考えられているばかりか、国家のイニシアティヴこそが、近世においてさえ経済発展で大きな役割を果たしたと想定される。では次に、国家はどのようにして経済を発展させる役割を担うのかという問題を、英仏の例にそくして述べたい。

イギリスの財政

イギリスの政府が肥大化した理由は、戦費調達にあった。フランスとの戦争を遂行するために第二次百年戦争の間に、数多くの戦争をしなければならなかったのである。

しかしイギリスとフランスの二国の財政を比較すると、少なくともイギリスの方が明らかに

表2-1　18世紀イギリスの戦争と借金

（単位：ポンド・スターリング）

年度	戦争のための総出費	借金率
1688－97	32,643.8	33
1702－13	50,685.0	31
1718－21	4,547.3	0
1739－48	43,655.2	31
1756－63	82,623.7	37
1776－85	87,599.6	40
1793－1815	831, 446.4	26

出典：L. Neal, "Interpreting power and profit in economic history: a case study of Seven Years War", *Journal of Economic History*, 37, 1977

すぐれていたようには思われない。実際、18世紀においては、イギリスはただ一度の例外を除き、戦争の度に巨額の借金をしている（表2－1参照）。イギリス国民1人あたりの税負担は、フランスよりずっと大きかった。

イギリスはこのような借金漬けの財政状態にあったが、フランスとの戦争に勝ち抜き、やがてヘゲモニー国家となった。戦争中に借金をして、それを平時に返していくというファンディングシステムがうまく機能していたからにほかならない。これこそ、近代的な財政システムの誕生である。

具体的に述べよう。表2－2に示されているように、イギリス財政は主として間接税に依存していたのに対し、フランスは直接税の比率が高かった。もう少し詳しく述べると、イギリスは間接税のなかでも、とくに消費税による税収を高めた。

イギリスでは、地主の力が強く、直接税の中心

表2-2　イギリス—フランスの直接税・間接税比率

（単位：%）

年度	直接税		間接税		その他	
	イギリス	フランス	イギリス	フランス	イギリス	フランス
1715	27	61	69	34	4	5
1720	26		69		5	
1725	20	48	76	47	4	5
1730	24	48	73	47	3	5
1735	17	59	81	37	2	4
1740	26	48	73	47	1	5
1745	32	57	66	39	2	4
1750	28		71		1	
1755	21	46	76	45	3	9
1760	26		72		2	
1765	22	54	75	42	3	4
1770	18	50	75	45	7	5
1775	18	49	77	47	5	4
1780	21	45	73	51	7	4
1785	18	48	76	46	6	6
1790	17	38	75	51	8	11

出典：Peter Mathias and Patrick Karl O'Brien, "Taxation in Britain and France, 1750–1810: A comparison of the social and economic incidence of taxes collected for the central governments", *Journal of European Economic History*, 5–3, 1976

である地租を上昇させることはできなかった。そのため、クロムウェルによって１６５４年に導入された消費税がイギリス財政の根幹をなすようになった。消費税が、イギリスの税制を支えたのである。

このような税制を成立させるために欠かせなかったのがイングランド銀行である。そもそもイングランド銀行は、対仏戦争に必要な巨額の戦費を賄うため、議会が国債を募集することとし、また民間から１２０万ポンドを公募して資本金とし、１６９４年にイングランド銀行を設立した。

設立に際し、金融業の先進国であり、名誉革命でイギリス王になったウィリアム３世の母国オランダの資本が導入された。イングランド銀行は、公募金を政府に貸し、それと同額の銀行券を発行する特権が与えられた。さらに、預金、貸付、商業手形割引、為替などの金融業務を開始した。このような近代的な国債制度・金融制度はイングランド銀行を中核として成立した。そのためにイギリス財政は安定することになった。

１６９０年代において、イギリスの国家歳入のなかで最大の地位を占めていたのは地租であった。しかし以降、消費税の比率が著しく拡大する。地租と消費税を比較すると、後者の方が経済発展以上に増加する。フランスはたとえ経済成長をしたとしても、あまり税収の伸びは期待できなかった。イギリスは借金をしても、消費税による歳入増によって返済することが可能であったが、フランスにはそれが不可能であった。ここに、両国の財政が経済成長におよぼす影響の決定的差異があった。

18世紀のイギリスは、商業革命により貿易量をめざましく増大させた。ところが輸入品に関税をかけるというよりも、むしろ消費税として国内で生産された商品に課税し、その税収をもとに借金の返済をしていこうとし、それに成功した。

消費税は、貧民の生活必需品を慎重に避けながら主に奢侈品にかけられた。経済学的にいうなら、所得に対して弾力的である商品とサービスにかけられたのである。需要の所得弾力性が高いということは、長期的には、当該製品に対する需要が、所得の増加以上のスピードで増大することを意味する。ビール、石炭、石鹸、皮革、ガラスなどが、そういう商品である。イギリスの税収が貧民に大きな税負担をかけることなく経済発展以上のスピードで増大した理由は、このように所得弾力件の高い商品に消費税をかけたからであった。

イギリスの国家財政には、重税に耐えながら経済成長を促す効果があった。これこそが、イギリスが戦争に勝ち抜くための資金を提供できた決定的な要因であった。

イギリス国内の税負担者に目を向けると、貴族・ジェントリ（地主）の税負担は減少傾向にあった。そもそも、彼らは地租をあまり支払わなくて良かったからである。さらに、生活必需品にはあまり税がかけられなかったので、貧民に対する課税は免除されることが一般的であったことからして、最大の税負担者は、中流層（Middling Sort）と呼ばれる人々であった。これは、上流でも下流でもなく、ほぼ真ん中の階層に位置する人々のことである。ただし、１７９３年にフランス革命軍との戦争に直面すると、消費税に大きく依存する戦時財政運営に大きな変化がもたらされたのである。

１７９７年には国債発行額が膨大なものとなったために、イギリスの公信用に危機的な状況が迫り、政府が発行する国債などの価格が低下した。そのため１７９７年に首相の小ピットは所得税（Income Tax）を導入し、60ポンド以上の所得者に対して累進課税を課し、戦争を継続しようとした。この措置により上流階級の税負担が増し、中流層との間の税負担の格差が多少なりとも小さくなったのである。だが、上流階級の人々に大きな税がかけられたのは、このときだけであった。

この政策はあくまでも対ナポレオン戦争を遂行するための緊急措置であり、ナポレオン戦争が終わると、たちまち廃棄されてしまった。イギリス史において、地主の力はやはり圧倒的に強かったのである。

ともあれ重要なのは、たとえ国債発行額が多かったとしても、国債を返済するためのシステムが形成されていることである。

そのためにイギリスでは、国債の利率を下げるため、低利借り換えがおこなわれた。１７１７年には、国債の利率が6パーセントから5パーセントに切り下げられた。１７２７年、そして１７４９～１７５１年にも、国債の低利借り換えがなされた。１７１６年には、国債の償還のための財源を制度的に確保し、償還をおこなうための基金として、減債基金が創設された。

１７８６年には、小ピットにより、国債の返済に純化した減債基金が創設された。それと同時に、国債の利払いのための諸基金を含めたすべての歳出が、統合国家基金にまとめられた。イギリスではまた、償還しない代わりに、永久に利子が払われるコンソル公債（各種公債を統合・一元化して開始された。償還期限がなく、永久に利子が支払われる）が発行され、利払い額をさらに減少させた。

イギリスはこのように、国債の利率を下げ、国債返済のための減債基金を設け、国債の返済を促進する財政制度を構築していったのである。18世紀のイギリスは、いくつもの危険な局面をくぐり抜けながら、経済を成長させていったのである。

フランスの財政

17世紀初頭から18世紀初頭にかけフランス国王の支出は大きく増大し、その主要な要因は戦争であった。さらに17世紀前半から18世紀にかけ、フランスの財政政策は大きく混乱した。頻繁に蔵相が変わったことが、その要因としてあげられる。

フランス財政が破綻したのは、必要なときに信用がえられなかったからである。とはいえ、１７８３年の時点では、フランスの負債額はイギリスよりも少なかった。だが税収に占める利払い額の比率は、フランスはイギリスよりも高かったのである。この点は、フランス財政の大きな弱点であった。

借金返済のために、アンシャン・レジーム期とフランス革命期のフランスでは財政危機が常態になっており、何度も債務不履行を繰り返した。フランス革命の際ネッケルがアシニア紙幣を導入したため、通貨供給量が増加して大インフレが生じた。さらにナポレオン戦争以後も、フランス議会の支出は大きく増えていった。

フランスでは、官職売買への熱中度が、他国よりもはるかに強かった。フランスが直接税を中心とするアンシャン・レジーム期の財政制度から脱し、近代的国家財政制度へ転換するのは、１７８９年のフランス革命ではなく、ナポレオン戦争が終了する１８１５年以降のことであった。それは、フランスで消費税が重要になるのは、19世紀のことだったからである。消費税による税収が増えず、さらに国家歳入そのものがイギリスほど増えなかったフランスは、何度も財政危機に瀕したのである。それが、フランス革命に至る原因であった。

重要なのは借金の額そのものではなく、借金の返済を容易にするようなシステムの構築であり、この点で、フランスはイギリスより劣っていた。フランスの財政制度は、イギリスよりも経済成長に適してはいなかったのである。

さらに低利借り換えにより、利払い額を減少させる制度は、少なくともイギリスほどには発展していなかった。債務を返済するシステムは、うまく機能していたとは思われないのである。

オランダ資金の役割

17世紀においては、アムステルダムがヨーロッパの金融市場の中心であったことは間違いない。そして、金融だけではなく多様な地域との貿易、さらにヨーロッパの運び屋とも目されたオランダ船の影響もあり、アムステルダムには巨額の富が蓄積された。それは、アムステルダムの人々を惑わせるほど多くの富であった。その富がどこに向かうのかは、ヨーロッパの歴史を左右したとさえ考えられるのである。

オランダ人の投資家にとって問題だったのは、オランダの利率が低かったことである。17世紀においてさえ、オランダ国内の利率は低く、18世紀になると2・5～3パーセントにまで低下した。そのためオランダ資金はより高い金利を求め、絶えず国外に流れるようになった。しかもオランダはヨーロッパ金融の中心であり、ヨーロッパでの貿易決済は、基本的にアムステルダムの銀行を通じてなされた。

1604年のアムステルダム振替銀行の創設が、それを促進した。同銀行はイングランド銀行とは違い、あくまでも貿易決済のための銀行であった。

オランダはヨーロッパでもっとも裕福な国であり、多数の人々が各州の公債を購入していた。オランダは17世紀のヨーロッパ最大の投資社会であり、オランダ人は有利な投資先を求めた。

そこでオランダ人は、イギリスに最大の投資先を見いだしたのである。少なくとも第４次英蘭戦争が始まる１７８０年代まで、オランダ最大の投資先はイギリスであった。

オランダ人がイギリスに投資した大きな理由は、アムステルダムはヨーロッパの商業情報の中心であり、イギリスが今後もっとも利益が出る投資対象になると、オランダ人が考えたからであろう。イギリスにはイングランド銀行があり、ファンディングシステムが適切に機能していたとすれば、オランダ人がイギリスに投資するのは、むしろ当然のことであった。イギリスは新しく登場しつつあったもっとも有利な投資先であった。その理由の一つとして、イギリスはヨーロッパ大陸から少し離れた場所に位置する島国であるので、戦争が続く時代に海外からの侵略を受けにくかったことがあげられる。

それは、オランダ国家の利害には反する行為であった。だが、国家の権力が弱いオランダでは、それを管理する力はなかった。オランダの繁栄は非中央集権的な国制にあったが、そのために、イギリスがヘゲモニー国家になることを許してしまったのである。明らかに、この２国の国制は違っていたのである。

また、アムステルダムとロンドンの金融関係は、18世紀のあいだにますます強まっていった。この二都市の金融関係が密接になっていったことを描いた研究として、世界的にもっとも知られているのは、ラリー・ニールの『金融資本主義の台頭』である。ニールは、エコノメトリクスの手法を用い、アムステルダムとロンドンの金融市場が統合される過程を描いた。それをうながしたのは、南海泡沫事件であった。

南海泡沫事件

南海会社が１７１１年に創設されたのは、スペイン継承戦争によってイギリス政府が１６００万４０００ポンドから５３００万７０００ポンドへと拡大した債務を返済するためであった。南海会社は、スペイン帝国との貿易を独占することからえられる利益、そして政府の国債を購入する代わりに、年間56万６５４３ポンドにものぼる政府年金を手に入れることからえられる利益を期待して設立された。南海会社の株価は、急速に上昇する。１７２０年には、イギリスの公債を南海会社が引き受けることになり、ますます株価は上昇するが、すぐに低下することになる。このときに、バブルが弾けたのである。

　１７２０年5月頃に、南海会社の株価の法定平価は約5倍に急上昇した。それは、オランダ人が南海会社に投資したことが大きな要因であった。また、彼らはロンドンのシティの金融業者とともに、南海会社の株を高値で売り、その利益を、より安全なイングランド銀行に投資した。

　オランダ人は、彼らがもっている情報量の多さと質の良さ、ロンドンのシティとの緊密な関係のために、このようにうまく立ち回り、巨額の利益をえたのである。結局、オランダの金融ノウハウに、イギリスは歯が立たなかった。オランダは、やはり金融の先進国であった。さらに、ロンドンとアムステルダムの結びつきは、2週間に一度、郵便船がロンドンからアムステルダムに向かっていたことからも明らかである。この2都市は、経済的に強く結びついていったのである。

南海泡沫事件以降、オランダ資金は主としてイギリスに向かうことになった。

ジョン・ローのシステムとの違い

じつはオランダ資金は、南海泡沫事件以前には（イギリス、ハンブルクのほか）、フランスにも流入していた。しかしフランスでジョン・ローのシステムが失敗すると、フランスへのオランダ資金流入はほとんどなくなる。スコットランド人ジョン・ローは、南海会社と同様なシステムを考え、フランスに適用しようとした。

ジョン・ローのシステムとは、増大する財政赤字を解消することを目的として王立銀行が銀行券を発行し、これを特権貿易会社であるミシシッピ会社が引き受けて政府に貸付をし、政府はその資金を元手に財政支出やそれまでの債務の償還をおこなうというものであった。そのため、ミシシッピ会社は、大量の国債を引き受けることになった。ローは、それに加えて不換紙幣を発行した。これを受けてミシシッピ会社の株価は、一時的に急騰することになるが、すぐに急落しこのシステムは崩壊してしまうのである。

フランス政府が発行した不換紙幣は、フランスに大きなインフレをもたらした。ジョン・ローのシステムの崩壊はフランスに、南海泡沫事件はイギリスに暗い影を投げかけたが、イギリスはこのショックから立ち直ったのに対し、フランスはそれに失敗した。

その理由として一般的には、イギリスでは議会が国債の償還を保証した（ファンディングシステム）のに対し、絶対王政下のフランスでは、そのような保証が欠如していたことがあげられる。

たとえばオランダは連邦議会がオランダ公債の償還を保証したことはなかったが、オランダ各州が発行した公債は広く購入されている。したがって、国債（公債）の信用は、必ずしもファンディングシステムだけに依存しているわけではない。だが、イギリスと異なり、フランスは何度も債務不履行を繰り返したことは事実である。少なくともイギリスと比較して、国家財政の基盤は脆弱であった。さらに南海泡沫事件以降、オランダ資金はフランスではなくイギリスに向かうようになった。こう考えると、この事件があったからこそ、イギリスはイングランド銀行を中心に財政制度が一本化され、経済成長ができたと考えられよう。付け加えるなら、イギリスのファンディングシステムは、やがて世界標準になっていったのである。

英仏の貿易面での差異——植民地との結びつき

英仏の資金調達能力の差異についてはすでに触れた。イギリスは、借金をしても経済成長率以上に税収が増えたのでそれを返済することは比較的容易だったのに対し、地租に基盤をおくフランスは、経済が成長したとしても税収は増えず、借金の返済は容易ではなかったのである。

とはいえ、この時代のヨーロッパの経済成長率に関する推計はたしかにどこまで信頼性がおけるのか、大きな疑問が残る。現在の研究では、１７００年と１８７０年の一人当たりＧＤＰを比較すると、約２・４倍に増加しているが、これ自体不確かな推計にすぎない。そこでここでは、経済成長の適切な指標である貿易額の推移を見ていくことで、両国経済の類似点・相違点について論じたい。

現在の西洋経済史研究では、18世紀の英仏は、どちらも大幅に貿易量を伸ばしたということは常識になっているとさえいえる。周知のように、王政復古以後のイギリスは、「商業革命」と呼ばれるほど、飛躍的に貿易量を増やした。１７０１〜１７０５年にはイギリスの年平均輸出額は57万９０００ポンドであったのが、１７７６〜１７８０年には、１１７万２０００ポンドと、２倍以上の伸びを示した。同期間の輸入額は、年平均４５７万１０００ポンドから１０４０万１０００ポンドへと、これも2倍以上に伸びている。

図2-1　カリブ海諸島

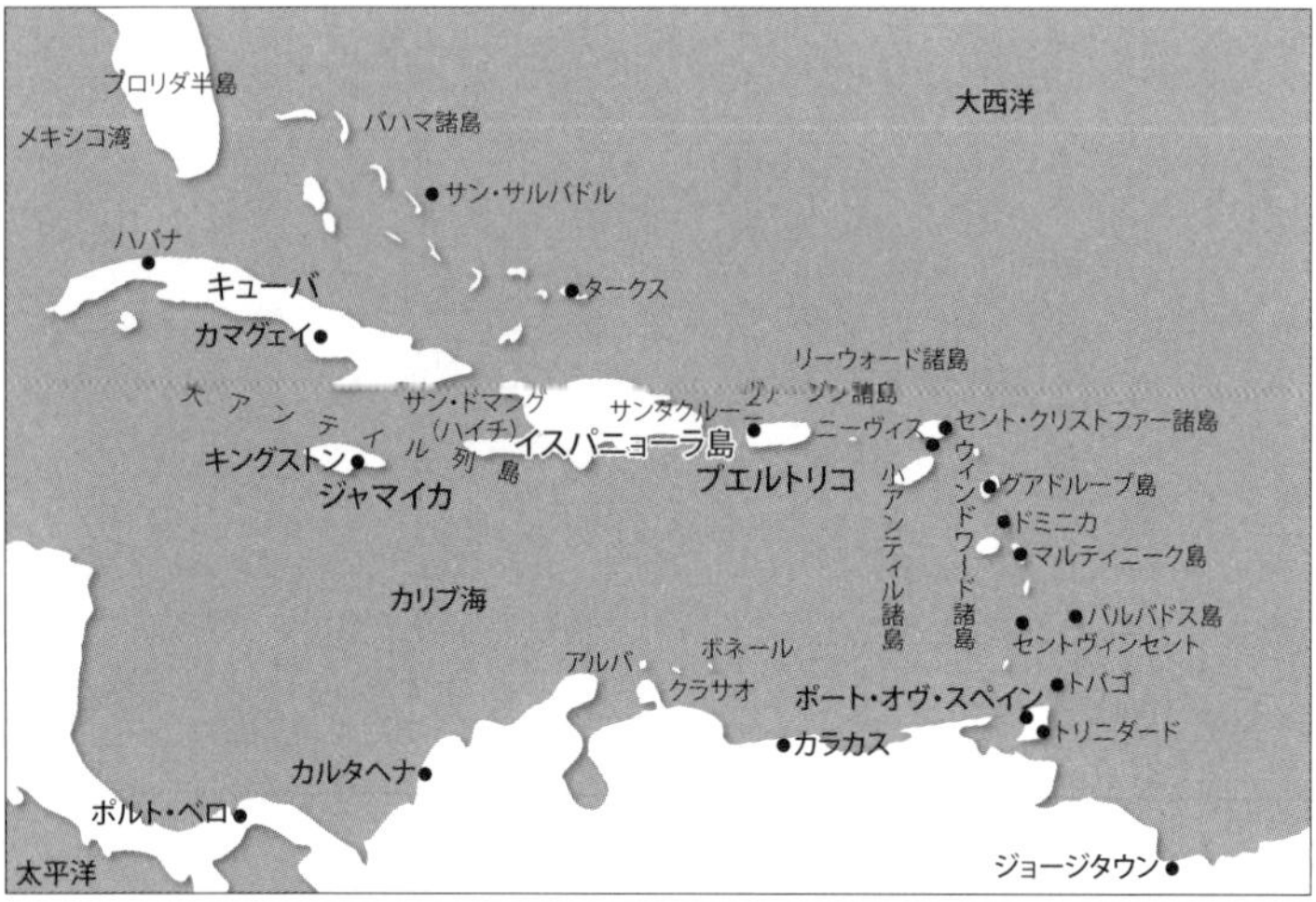

では、フランスはどうか。服部春彦の研究によれば、フランスの輸出額は、１７１６〜１７２０年が、年平均で９０００万８００リーブルだったのが、１７８７〜１７８９年には、年平均４億４０００万リーブルとなり、約５倍の増加をみせた。一方輸入額は同期間に６４０万３０００リーブルから５４９０万２０００リーブルと、約８・６倍に増加している。

　ここから判断するかぎり、イギリスよりもフランスの貿易額の上昇が顕著である。フランスの貿易そのものの水準がもともと低かったという事実を考慮しても、フランスの貿易額の方が、目覚ましく上昇しているという事実は否定できない。だとすれば、次に生じる疑問は、なぜフランスはそれを国内経済の発達にうまく利用できなかったのかということであろう。

そもそもフランスの国土はイギリスよりかなり広い。イギリスの約2倍であり、しかも人口はずっと多く、2～4倍あった。フランスがイギリスと同じだけの貿易額であるとすれば、国民一人当たりの貿易額ははるかに少ない。また、フランスのアメリカとの貿易は、サン・ドマング（現在のハイチ）との貿易に特化していたことも言及しておくべきであろう。サン・ドマングから輸出された砂糖やコーヒーは、フランス国内にとどまるものもあったが、かなりの部分はアムステルダムないしハンブルクに再輸出されたのである。

一方イギリスに西インド諸島、とりわけジャマイカから輸入された砂糖の多くは、国内で食された。植民地と本国との経済的結びつきが、イギリスよりもフランスの方がずっと弱かったと考えられる。より正確にいえば、フランスの貿易発展は、イギリスほどには国内経済の成長につながらなかったと想定されるのである。

イギリスの工業化――後発国の工業化

イギリスの工業化は綿織物工業からはじまった。それについては、第5章で触れるとして、本章ではイギリス国家と工業化の関係について、財政史の観点から論じたい。

開発経済学の議論では、ガーシェンクロンの論にみられるように、後発国経済成長においては国家の役割が非常に重要になる。比較的最近まで、イギリスの工業化は、自生的なものであり、国家による介入がほとんどないままに産業革命が発生したとされていたが、現実には、18世紀の間にイギリス政府の規模は大きく膨らみ、中央集権化が進んだということが、定説になっている。

この時代のイギリスは、ラース・マグヌソンがいう「国家の見える手」によって経済が大きく発展した。それは、後発国の工業化の大きな特徴の一つである「上からの工業化」を意味する。18世紀初頭のイギリスは、ヨーロッパ経済のなかで決して「最先進国」とはいえなかったことは、疑いようのない事実である。オランダが「最初の近代経済」であり、もっとも進んだ経済であった以上、イギリスの地位は上昇しつつあってもまだ二番手にすぎなかったのだ。

換言すれば、18世紀イギリスの経済発展のパターンは、後発国のそれであり、したがって政府の経済への介入が、オランダ以上に強くてもあたり前であった。国家財政の規模が急激に拡大していったのは、当然の結果であった。産業革命はたしかにイギリスからはじまったが、そのイギリスは、後発型の経済発展のパターンしかたどりえなかったのである。

イギリスの工業化が後発国の工業化である以上、すべての工業化には国家が大きく経済に介入し、経済が成長したのである。

イギリスは、重商主義政策を採用した。重商主義政策とは、先進国オランダに対して、それ以外の国々が保護主義政策をとったことを意味した。そのなかで最大の成功を収めたのがイギリスであり、そのためにヘゲモニー国家となったのである。
「後発国の工業化」という場合、それは本質的には現代世界を分析するための概念である。ガーシェンクロンモデルは、日本ではアジアの工業化の分析に使われることが多い。しかし、近世における後発性を議論するなら、イギリスは経済への国家の介入によって、意図せざる工業化を成し遂げたというべきなのである。

イギリスの政府が肥大化した理由は、戦費調達にあった。同時にイギリスは、できるだけ軍事費を削減するような政策をとった。イギリスの海軍にはプレスギャングというシステムがあり、戦争になると浮浪者たちを強引に戦場で戦わせ、戦争が終わると帰国させるということをしていた。そんなやり方でも、フランスとの戦争に勝てたのである。

プロイセンのように大規模に常備軍をもつと大変なコストがかかり、その維持のために平時においてもかなりのカネが必要になる。そのためのカネを経済活動に投資したのがイギリスであり、それがうまくいったからこそ、イギリスは産業革命を成し遂げることができたのである（とはいえ、それでもかなり多額の戦費が必要であった）。

軍事革命の最大の勝者はプロイセンではなく、イギリスであった。それは、イギリスがすぐれた借金返済方法を考案したからである。軍事革命の勝者であったイギリスが、世界最大の帝国を築けたのは、そのためであった。

イギリスは他のヨーロッパ諸国とは異なり、18世紀のうちに財政金融システムの中央集権化に成功していた。他のヨーロッパ諸国がそうなったのは19世紀のことであり、イギリスはそれらより1世紀も早く、政府の介入によって経済を成長させようとしていたのである。

対仏戦争で勝利したイギリスは、植民地を獲得し世界帝国への道を歩んでいた。帝国は、イギリスの商品に対する市場となったばかりか、イギリスが必要とするさまざまな資材の供給地となった。

カリブ海諸島のイギリス植民地では、大量のサトウキビが栽培され、砂糖が生産された。それはイギリスに持ち込まれた。砂糖は、18世紀のヨーロッパでもっとも利益があがる商品であった。その砂糖を、ヨーロッパ諸国の人々が食した。イギリスは国民一人当たりの砂糖消費量が、おそらくヨーロッパで一番多い国であった。

しかしイギリス領西インドの砂糖は高価であり輸出することができず、イギリス国内で食された。それはイギリスの生活水準上昇の一つの指標となる。それに対しフランスの場合、フランス領西インドでできた砂糖は、フランス国内で消費されるのではなく、主としてアムステルダムないしハンブルクに再輸出され、そこからまた他地域に輸送されたのである。１７７５年から１７９０年にフランスに輸入された植民地物産のうち、70パーセント以上が再輸出されたという。それは、英仏の決定的な差異を物語る。

大英帝国はおもにイギリスの経済成長に、おそらく通常のイメージとは異なり、フランスの帝国は他地域の経済成長にも寄与した。この違いは、きわめて大きい。フランス以外の国々も、ヨーロッパ内部では国家から独立した旧来の商人ネットワークに依存していた。

それに対してイギリスは、国際貿易商人の活動が「帝国」形成の動きと連動していた。ヨーロッパ諸国は、イギリスのような新しいシステムは取り入れていなかった。オランダ商業は、イギリス商業よりも商人の自律的なネットワークに依存していた。財政面から見るなら、オランダの国制は地方分権的であったのに対し、イギリスは中央集権的であった。オランダは、その国制のために、結局はヘゲモニーを失った。大英帝国とは、イギリスの利益のために機能するシステムなのであり、同じヘゲモニー国家といっても、オランダとはこの点で決定的な違いがある。

さらにイギリスでは対仏戦争を遂行していくことで、国民意識が生まれた。カトリックの国であるフランスに対抗する国教会の国イギリスという図式が誕生した。

名誉革命の影響

１６８８年は、周知のようにイギリスで名誉革命が発生した。翌１６８９年２月に、議会は「権利の宣言」を提出し、オランダ総督であったウィレムとジェームズ２世の子メアリがこれを承認し、ウィリアム３世とメアリ２世として即位した。

イギリス議会は同年12月、権利宣言を「権利の章典」として制定し、立憲君主制が成立した。

また同年、議会は寛容法を制定して、非国教会のプロテスタントの信仰の自由を認めた。これによりイギリス国教会とピューリタンの和解をはかり、１６４２年に発生したピューリタン革命前からの宗教対立を終わらせたのである。

だが、カトリック教徒は寛容の対象とはならず、また審査法は存続しているのでプロテスタントであっても、イギリス国教徒でなければ公職に就くことはできなかった。イギリスはオランダとは違い、宗教的寛容の国ではなかった。イギリスには政治的不安がつきまとうことになった。

それは、フランスに亡命したジェームズ2世の子孫こそがイギリスの正統の王位継承者であるというジャコバイトの力は、イギリス国内でもかなり強かったからである。カトリックのフランスがイギリスを攻撃するという恐怖心はすこぶる強く、それに対抗するため、プロテスタントのイギリス人（ブリテン人）という意識が生まれたというのだ。

これと同じようなことは、全ヨーロッパで見られた。戦争によって、国民意識が高揚することはいうまでもない。それは、政府が税金をかけられる範囲が国境であるという主権国家の成立と同時に生じた。だからこそ、ヨーロッパで「国民国家」が誕生していったのである。

名誉革命により、オランダ人であった人物がイギリス国王になった。そのため、オランダとイギリスの金融関係は、より強められることになった。アムステルダムとロンドンのあいだは、天候にもよるが、近世には1日で航海できた。アムステルダム商人は大量にロンドンに流入したと思われるが、残念ながら、その数は正確にはわからない。とはいえ、アムステルダムとロンドンの通商関係が緊密であったことは否定できない事実である。とすれば、アムステルダムの商業ノウハウ、金融上の知識やノウハウがイングランドに伝えられると考えるのは、ごく自然であろう。

名誉革命以前の金融制度の発展に対し、オランダ人、なかでもアムステルダム商人が大きく関与したことは間違いないが、それ以後は、より大きく関与するようになったものと思われる。

大英帝国を利用したスコットランド人とアイルランド人

スコットランドは1603年のステュアート朝の誕生時にイングランドに併合され、アイルランドは、1649年にクロムウェルにより征服され、事実上の植民地となった国(地域)である。この2国の農業生産性は低く、絶えず人口が移民として流出していた。それは、イングランドに併合され、「イギリス」の一部となっても変わることはなかった。

スコットランド人が移住したのは、海外での事業活動に参加すれば、国内でとどまるよりも大きな利益を獲得できる可能性があったからだと考えられる。また海外にはスコットランド人社会があり、そこに行けば、少ないリスクで商業に従事することができた。

スコットランド人は、屈強な兵士として知られた。彼らは、1618~1648年の三十年

表2-3　ブリテン諸島からアメリカへの移民数　1701-1780年

（単位：1,000人）

イングランド・ウェールズ	80
スコットランド	80
ローランド地方	(60)
ハイランド地方	(20)
アイルランド	115
アルスター地方	(70)
南部	(45)
合計	275

出典：T. M. Devine, *Scotland's empire: the origins of the global diaspora,* London: Penguin Books, 2003をもとに作成

戦争で傭兵として活躍した。ブリテン諸島から約11万人が軍人としてこの戦争に参加しており、そのうち6万人がスコットランド人であったとされる。彼らは、とりわけプロテスタント国のノルウェー・デンマークとスウェーデン軍で活躍した。スコットランド人将校は、北欧の軍隊の将校として欠かせない存在であった。

アイルランド人は、アンシャン・レジーム期において、ヨーロッパに移住した。スペインがもっとも多く、スペイン領フランドル地方、ウィーン、プラハ、ローマへと移住した。アイルランド移民は、明らかにカトリック地域に移住した。

こうした移住のパターンは、18世紀になると大きく変わった。それ以前にはイングランドの動向とはあまり関係なく移住していたのが、大きく関係するようになったのだ。それは、大英帝国が形成されるようになったからである。カトリックの

ネットワークを維持しつつも、アイルランド人は、大英帝国各地に移住することになった。

その一例をここでは紹介しよう。表2―3は、ブリテン諸島からアメリカへの移民数をあらわしたものである。イングランド・ウェールズよりもむしろ、スコットランドとアイルランドからの移民数の方が多いことがわかる。

スコットランド人とアイルランド人は、イングランド人に虐げられた存在として見られがちである。しかし彼らは、大英帝国の形成を利用して、イギリスの植民地に移住した、したたかな人々であった。もし大英帝国がなかったなら、彼らが移住できた地域ははるかに少なく、より貧しくなったことであろう。彼らは、大英帝国を利用したディアスポラの民とみなされるべきである（第4章参照）。

綿織物からはじまった産業革命

イギリスは、新世界で砂糖を生産する以外に綿花を生産し、それを本国で最終製品にして、世界中の市場に売り出した。他の諸国が新世界の植民地でアフリカ西岸から連れてきた奴隷を使って砂糖を生産していたのに対し、イギリスはそれにとどまらず、新世界植民地における綿花の生産にも成功したのだ。もし新世界が綿花を生産していなかったとしたら、19世紀になって、綿製品をインドに売り、インドからアヘンを輸出して茶の代価とするという三角貿易をおこなうことはできなかったであろう。

イギリスの産業革命は、インドの綿製品であるキャラコの輸入代替品であった。キャラコは肌触りがよく、さらには比較的安価なことから購入された手織りの綿織物であった。しかし、インドキャラコはイギリスのみならずヨーロッパ全体に輸入された商品であった。インドキャラコは、ほとんどのヨーロッパ諸国に流入したのである。とすればイギリス以外にも、インドキャラコの輸入代替をおこなった国があったとしても、何の不思議もない。だが、それを実行したのは、イギリスだけであった。

イギリスは、機械生産をすることで輸入代替に成功し、綿製品をイギリス船で世界市場に輸出することができた。綿織物は何度でも洗濯ができ、通気性がよく、暑い地域でも寒い地域でも着ることができた。綿織物の販売により、ヨーロッパはアジアとの貿易収支を黒字にすることができた。ヨーロッパは非常に長期間にわたりアジアに輸出できる工業製品がなく、貿易はヨーロッパ側の赤字であったが、綿織物によって、ようやくヨーロッパ側の黒字になったのである。

イギリス船の使用

イギリスは、大西洋貿易のみならず、ヨーロッパ内部の貿易でも、オランダ船の排除に成功していった。他の国々と異なり、イギリスは大西洋帝国とヨーロッパ内部の貿易圏で、国家が貿易活動そのものを管理するシステムの構築に成功したのである。クロムウェルの大きな遺産であった。

これは、自由貿易を原則としたオランダとは大きく異なるシステムであったことはいうまでもない。そしてそのイギリスが、オランダの次にヘゲモニー国家になったことは非常に重要である。

だが、そもそもイギリスは海運業が発達した国ではなかった。イギリスは、海運業の発展という点で他国より遅れていた。１５６０年の段階では、イギリスの海洋国家としての地位はきわめて低かったのだ。

オランダ、スペイン、ポルトガルはいうにおよばず、ハンブルク、さらにはリューベックという都市と比較しても劣っていた。このような状況にあったイギリスで、国家が主導して海運業を促進していったのだ。そこに、イギリスの成功の大きなカギがあった。その転換点は１６５１年のクロムウェルによる航海法の制定にあった。イギリスは自由放任ではなく、国家の政策により経済を成長させた国であった。

近世のヨーロッパにおいては、輸送費がきわめて高く、中継貿易による収入が非常に大きかったことは、きわめて重要であるにもかかわらず、しばしば見逃される事実である。17世紀のヨーロッパの中間商人としてもっとも重要だったのは、オランダ人であった。オランダ船は、ヨーロッパ全体の船舶数の三分の一から二分の一を占めていたという説すらある。オランダは、信じられないほど巨大な中間商人の国であった。

オランダに対抗するために、輸送コストが低い船舶を建造し、オランダ人の手中にあったヨーロッパの物流システムを自国の輸送システムへと転換することで、経済力を高めようとした国があった。それがイギリスである。オランダの経済構造を詳細に分析することで、イギリスは海運業を支配し、物流をコントロールする重要性に気づいた。

イギリスが世界経済でヘゲモニーを握った理由として産業革命が重視されるが、それ以前に、まずオランダ船の排除に成功したのである。その後イギリスは産業革命を経験し、中間商人による中抜きがない状態で、綿製品を販売したのである。

フランス革命・ナポレオン戦争のさなかのイギリスへの投資

フランス革命・ナポレオン戦争は、非常に費用がかさむ戦争であった。しかしもしこのような長期間ヨーロッパ大陸で戦争がなかったなら、イギリスに大量の資本が投下されることも、イギリスに大陸の商人が来ることもなかったかもしれないのだ。したがって資本・商人の両面から、イギリスにとって、少なくともヨーロッパ諸国と比較するなら、プラスの結果をもたらしたであろう。この時代、密輸はふつうにおこなわれており、イギリスに非合法的にやってきた商人も少なくなかったはずである。

１８０６年に発せられた大陸封鎖令により、ナポレオンはイギリスを経済的に封鎖しようとした。すでにフランス革命のときに革命軍はオランダを占領したため、当時のイギリスがヨーロッパ最大の経済大国だったからである。しかし、それには失敗した。イギリスの製造部門が消費財の輸出に重点をおく軽工業から、軍需品生産をおこなう重工業へと、中心を移すという結末になったにすぎず、結局、イギリスの工業化を促進したからである。

さらに、イギリスにあった外国資本は、大陸封鎖令のために国内にとどまり、鉄・運河・港湾の改善・有料道路などに投資されることになった。オランダ人をはじめとするヨーロッパ大陸の人々はアムステルダムから資金を引き上げ、イギリスの国債に投資したのである。

ウェストファリア体制からウィーン体制後の世界へ

ウォーラーステインのいう世界帝国がヨーロッパで実現不可能になったことを端的にあらわしたのは、三十年戦争を終結させたウェストファリア条約であった。主権国家体制は、ウェストファリア条約で誕生したといわれるからである。

ウェストファリア条約により、オランダがヘゲモニー国家になり、ウィーン条約により、イギリスがヘゲモニー国家になった。ヘゲモニー国家は、戦争の終結によって誕生するのかもしれない。

ウェストファリア体制のもと、主権国家が経済競争することで、ヨーロッパ経済は発展した。しかしまた、ヘゲモニー国家であったオランダは、非常に地方分権的であり、もっとも主権国家的ではない国家であった。オランダは、いわば商人の共和国であり、国家の介入があまりない状態で経済を成長させ、ヘゲモニー国家になった。ヨーロッパ諸国はそのようなオランダに対し、保護主義政策をとり、経済を成長させた。オランダの次にヘゲモニー国家になったイギリスが、その代表である。

イギリスは、航海法に代表される保護主義政策（正確には保護海運業政策）によって、海運業を発展させた。そして、拡大しつつあった大英帝国内部の海運業をイギリス船でおこなった。大英帝国とは、その程度は弱かったとしても、いわば一つの閉鎖された経済空間であり、すべての商品は、この空間のなかで取引されることさえできたかもしれない。それは、コスモポリタンな商人が集うオランダの商業システムとは、対照的なものであった。

主権国家が競争している時代にも、このように国家に属さない自由な商業ネットワークが存在していた。国家が戦争をしていたとはいえ、すべての戦争用資材が国家の領土内部で調達可能だったわけではない。国家は、戦争に必要な資材を他国から調達する必要があり、それは国境を越えた自由な商人のネットワークを通じて入手されたのである。国家の力は、まだあまり強いものではなかった。そのために、オランダのような国家が活躍する余地があったのだ。

それに対しイギリスは、明らかに国家が経済に介入し、上からの成長をはかるという後発国型の経済構造をとった。そのイギリスが最初の工業国家なのであるから、すべての工業化は、じつはガーシェンクロンがいう後発国型の工業化とみなせるのである。

イギリスのヘゲモニー獲得を促進したのは、オランダであった。オランダの国制は分裂的であり、中央政府の力が弱く、オランダ人が国外、とくにイギリスに投資するのを妨げることはできなかった。

ウェストファリア条約からウィーン条約の１７０年近い時代は、重商主義時代とみなすことができる。それは、国家間の競争がある一方で、国家の束縛から自由な商人が商業に従事した時代でもあった。国家と商人の共棲関係が、この時代の大きな特徴であった。

それが終焉を迎え、ヨーロッパ諸国が植民地をもったウィーン条約以後の帝国の時代になると、商人は国家による保護ないし国家が提供するインフラなしでは商業活動を営めなくなった。イギリスは、そのような時代のヘゲモニー国家であった。

同じヘゲモニー国家とはいえ、イギリスとオランダはこれほど異なる経済システムをもっていた。しかしどちらも、持続的経済成長を前提としていた点で共通していた。

オランダに次いでヘゲモニー国家になったのはイギリスであった。しかしヘゲモニーの移行には、百数十年間かかった。オランダとは異なるイギリスの経済システムが、すぐに勝利したわけではない。イギリスとフランスの１世紀以上にわたる戦争のあいだにロンドンは貿易港として急成長したが、同じような成長をみせたのが、ハンブルクであった。この都市はアムステルダムと同様自由な貿易港であり、コスモポリタンな商人が集う、イギリスとは違う「もう一つの世界システム」を形成したのである。

第3章

商人がつくった「帝国」システム——ハンブルクとロンドン

二つの近代世界システム

これまでの諸章で、ヘゲモニー国家の地位が、財政構造が地方分権的であるオランダから、中央集権的なイギリスに交替したことを論じた。しかしまた、オランダの経済力はなおも強く、中央集権的な主権国家ではなく、コスモポリタンな商人が集うアムステルダムがヨーロッパ経済の中心的都市であったことも間違いのない事実である。この時代の商人は、国籍をあまり気にしない、いわば無国籍商人であった。とはいえ、イギリスが大英帝国を形成し、世界経済がイギリスのために機能するようになっていったこともたしかである。

１６４８年のウェストファリア条約から１８１５年の時代のヨーロッパは、主権国家が誕生していたとはいえ、まだ国家の力は弱く、国際貿易商人は国家から独立して商業活動を営んでいた。重商主義時代とは、このような二面が併存していた時代であった。１８１５年にヘゲモニー国家となったイギリスは、主権国家としての側面が強く、19世紀以降は強力な凝集力がある帝国を形成した点で、オランダとは明らかに違っていた。

各国が重商主義政策をとり、オランダの経済力を失わせようとし、そのようななかイギリスとフランスの経済力が高まっていった。ところが貿易に関しては、イギリスがロンドンを機軸として増大させていったのに対し、フランスはハンブルクとの関係を強めた。したがってイギリスとフランスの経済競争は、ロンドンとハンブルクの貿易争いをも意味したのである。1815年にナポレオン戦争が終わると、イギリスがヘゲモニーを握り、ロンドンが他を圧倒する貿易港になる。それはまた、イギリスが世界で初めて工業化に成功した国になり、「最初の近代経済国家」となったことも意味した。

19世紀初頭になると、イギリスは世界一の海運国家となり、それは第二次世界大戦終了時まで続いた。「商業革命」によってイギリスは、再輸出を増やした。また、アムステルダムの次に世界金融の中心となったのはロンドンであった。しかしよく考えてみれば、オランダの機能がイギリスに、あるいはアムステルダムの役割がロンドンにそのまますぐに移行したということは、決していえないことに気づくはずである。

イギリスの再輸出が増大したといっても、18世紀においては、それは「大英帝国」内の商品輸送量が多かったということであった。ところがオランダは自国の領土や植民地とは関係なく、世界中とまではいかなくとも、ヨーロッパ中の商品を輸送していた。イギリスとオランダの貿易は、この点において、じつは大きな相違を示しているのだ。18世紀のイギリスは、17世紀のオランダと同じ意味での海運国家であったわけではない。

18世紀の北大西洋貿易においてヨーロッパ諸国をリードしていたのは、英仏両国であった。したがって一般に、オランダの衰退後、英仏両国でヘゲモニー争いが生じたとされるのである。イギリスの大西洋貿易拡大はロンドンの貿易発展と大きくリンクし、フランスのそれは、単にフランスの港のみならず、再輸出港としてのハンブルクの貿易発展をもたらした。ハンブルクこそ、ロンドンに匹敵するような貿易都市であった。フランスの大西洋貿易だけを考察するとしても、ハンブルクとの関係は無視できない。

　ハンブルクは国境を越えた貿易商人が集う都市であった。そういう意味でいうなら、ハンブルクはアムステルダムの後継者であった。英仏の経済競争はそのままロンドンとハンブルクの国際貿易港としての競争を意味し、ロンドンが勝利することで、経済は新しい段階に突入したのである。ハンブルクの経済システムは、イギリスの経済システムとは異なる、「もう一つの世界システム」といえるのである。

ハンブルクの特徴

　ハンブルクは現在でこそ人口２００万人に近い大都市だが、18世紀においては、どうみても大きな都市とはいえなかった。１６８０年に５～６万人であった人口が、１７５０年までに９万人ほどになったにすぎない。17世紀末に50万人を超えていたロンドンと比較すれば、取るに足らない都市のように思えるかもしれない。しかしハンブルクは、とくにフランスの再輸出と結びつくことで大きく発展した。

　ハンブルクは、１６１８～１８６８年の長期にわたり、中立を維持した都市であった。近世

図3-1　北ヨーロッパ地図

のヨーロッパは絶えず戦争が続いており、とくに英仏の抗争は熾烈をきわめた。戦時には、交戦国の商船は拿捕される可能性がすこぶる高く、そのため、中立地域の船舶が用いられた。中立地域は、交戦国にとっても必要不可欠だったのである。ハンブルクは都市にすぎなかったが、護衛艦隊をも有していた。

またハンブルクという港を使えば、本来なら使用される港が交戦地域である場合、代替港として使用することができた。多数の戦争を経験していた近世において、中立国・都市があったからこそ、ヨーロッパは貿易を継続し、経済を成長させることができたのである。

表3-1　ハンブルクの海上貿易による輸入額

（単位：マルク）

	1678年	1703年	1713年	1751年	1760年代–80年代
地域	絶対額	絶対額	絶対額	絶対額	%
イングランド	1,362	3,253	2,284	12,707	14−18
フランス	748	331	1,110	13,812	51−60
オランダ	1,206	—	—	3,315	7−10
スペイン	1,362	975	663	1,150	
ポルトガル	469	350	968	1,658	14−17
地中海諸国	157	247	248	1,547	
ロシア	478	945	—	3,591	1−7

出典：M. North, "Von der Atlantischen Handelsexpansion bis zu den Agrarreformen (1450–1815)", in M. North (Hg.), *Deutsche Wirtschaftsgeschichte: Ein Jahrtausend im Überblick*, München: Beck, 2000

ハンブルクは、大西洋貿易の拡大とともに重要になっていった。中世において、ハンザ（同盟）の中心はリューベックであった。しかしリューベックはユトランド半島の東に位置し、ハンブルクは西に位置するという地理的条件も加わり、近世になるとこの2港の立場は逆転する。ハンブルクには新大陸から大量の植民地物産が、とくにフランス経由で流入した。すなわちハンブルクの貿易研究は、ある面では新大陸とヨーロッパの貿易研究ともいえるのである。

ハンブルクは、大西洋貿易で非常に重要な役割を果たしていたばかりか、近世のヨーロッパ大陸において、アムステルダムに次ぐ第二の規模の貿易港であった。

表3－1は、ハンブルクの地域ごとの海上貿易による輸入額の推移を表している。

表3-2　フランスからの砂糖の輸出先

（単位：トン）

	1750年	1751年	1775年	1777年	1780年
ハンザ都市	14,000	12,310	25,000	26,917	5,046
デンマーク	645	180	2,950	1,008	21
スウェーデン	1,250	293	4,000	1,372	627
ロシア	—	—	2,000	1,269	—
フランドル	—	—	1,800	3,788	424
オランダ	—	—	17,200	35,790	128

出典：M. Morineau, “La Balance du Commerce Franco-Néerlandais et le resserrement économique des Provinces-Unies au XVIIIe siècle”, *Economisch-Historisch Jaarboek*, 30, 1965

１６７８年には、イングランド、オランダ、スペインからの輸入額がほぼ拮抗している。ところが１７０３年、１７１３年と、イングランドからの輸入額がきわめて多くなる。しかし１７５１年になると、フランスが第１位の輸入国になる。さらに１７６０年代から１７８０年代は、圧倒的にフランスからの輸入額が多い。このように、フランスの台頭が目立つ。ハンブルクの貿易は、18世紀後半から大きく増えるが、それはおおむね、フランスとの貿易が拡大したからである。

ハンブルクの輸入品として、もっとも重要なものは砂糖であった。その砂糖の多くは、ボルドーから輸入された。ボルドーからの砂糖の輸出先としても、ハンブルクが多かった。

表３－２は、フランスからの砂糖輸出先を示す。フランスといっても、その多くはボルドーである。またフランス史において、この時代のハンザ都市

表3-3　ハンブルクの地域ごとの輸入額

（単位：マルク）

	1678年	1702年	1703-06年平均	1709-10年平均	1713年	1751年
イギリス	1,641,150	1,508,262	2,345,799	1,924,843	2,283,777	12,707,182
スペイン	1,641,460	418,766	619,143	521,903	663,103	1,104,972
フランス	900,680	597,765	168,212	333,619	1,109,555	13,812,154
ロシア	575,340	1,465,068	840,745	—	—	3,314,917
ポルトガル	565,160	529,199	793,632	870,719	968,185	1,657,458
地中海諸国	189,480	108,265	290,164	92,303	407,505	1,546,961
合計	5,513,270	4,627,325	5,057,695	3,743,387	5,432,125	33,143,644

出典：Elizabeth Karin Newman, *Anglo-Hamburg Trade in the late seventeenth and early eighteenth centuries*, Ph. D. Thesis, The University of London, 1979

（Hanséates）とは、リューベック、ハンブルク、ブレーメンを指すが、現実的にはハンブルクが大半であった。1775年と1777年はオランダが多いが、おおむねハンザ都市に送られていた。また、これは推測の域を出ないことではあるが、オランダのアムステルダムに輸送された砂糖が、ハンブルクまで再輸出されたと考えるのが妥当であろう。ハンブルクは製糖所の数が、ヨーロッパで一番多かったからである。

　ハンブルクの地域ごとの輸入額をあらわすのが、表3―3である。この表にはオランダの数値が書かれていないという弱点がある。しかしそれでもなお、イギリスからフランスへと中心が移っていることがわかる。ここからも、フランスとハンブルクの結びつきの強さがうかがえる。

　17世紀のハンブルクにとっては、オランダが最大の取引相手であった。１６２５年においては、船舶数・重量の両方で、ハンブルクの取引の三分の一をこの国が占めていた。１６４７年から１６４８年には、ハンブルクから出港した船舶の総数は１７４３隻であり、そのうち９５６隻がオランダに向かっている。また１６４２年の報告によれば、ハンブルクとオランダのあいだを往来する船舶数は毎年３０００隻におよんだ。このような状況は、17世紀後半には大幅に変化する。すでに述べたようにフランスのみならず、イギリスとの取引量も大きく増加するのである。明らかに、ハンブルクとイギリスの結びつきは強くなっていった。

18世紀のイギリス―ドイツ間の貿易を見ると、イギリスからドイツへの輸出は、イギリスの国産品としては毛織物が、再輸出品としては植民地物産が多い。他方、ドイツからイギリスへの輸出品は麻織物が主であった。18世紀後半頃までイギリスとドイツの貿易は、何よりもイギリスからドイツへの毛織物輸出と、ドイツからイギリスへの麻織物の輸出によって成り立っていた。

ハンブルクはロンドンやアムステルダムと同様、地中海と南欧からの産品を北ヨーロッパに輸送するために重要な役割を果たしていた。しかしそれにとどまらず、大西洋貿易によって輸入される植民地物産の集散地という点でも、ハンブルクはこの2都市と同じ機能を果たしていたのである。

18世紀ボルドーの貿易発展とハンブルク

ハンブルクと取引量が多い代表的な貿易港として、ボルドーがある。ボルドーはルアン、ナント、マルセイユなどとともに、海岸からかなり遠ざかった大河川の下流部に位置する河口内港に属する。ヨーロッパの港は海ではなく、大河川に面していることが多いのである。

ボルドーは、フランス経済史の大家クルゼの言葉を借りれば、「18世紀の経済的奇跡」と表現しうるほど貿易量が増加した。ルイ14世が死去した１７１５年からフランス革命が勃発した１７８９年のあいだ、フランスは国際貿易で主導的役割を果たした。その中核となったのがボルドーであった。ボルドーの船の総トン数は、１７１５年に７万８０００トンであったが、１７２０年から１７２４年の年平均が14万１０００トン、１７８４年から１７８７年には同じく28万３０００トンにまで達した。

周知のように、ボルドーの伝統的な輸出品は後背地で産出されるワインであり、たとえば１７００年頃には輸出品の大半がワインであった。ところがこの都市は、18世紀になると急速に植民地物産の再輸出を増大させた。

18世紀の初頭においては、フランスと西インドとの貿易の中心はナントであった。１７１７年には、ボルドーのシェアはわずか20パーセントにすぎなかった。けれども１７３６年に、ボルドーはナントを追い抜いた。１７８５年には、ボルドーから出港する船舶が、大西洋貿易に従事するフランス船のうち34パーセントを占めており、ボルドーからの植民地物産再輸出量は、フランス全体の約半分に達したのである。

ボルドー、ナント、マルセイユ、ル・アーブルとルアンの植民地貿易額を比較してみよう。１７３０年のボルドーの植民地貿易額は、１０００万リーブル弱であり、同年のナントは約１５００万リーブルであった。マルセイユもル・アーブルとルアンも５００万リーブルに満たない。だが、この数値は１７８８年には、ボルドーが約1億１０００万リーブル、ナントが５０００万リーブル弱、マルセイユが約５０００万リーブル、ル・アーブルとルアンが約５５００万リーブルとなり、ボルドーの植民地貿易額が飛躍的に増大している。

さらに、ボルドーがフランスの対外貿易に占める比率は、１７１７年から１７２０年には10パーセントであったのが、フランス革命時には25パーセントに達した。ボルドーの貿易拡大の基盤は、アンティル諸島、とくにサン・ドマングの発展にあった。この島の砂糖生産は１７１４年の７０００トンから１７５０年には4万トンに、１７８９年には8万トンに達した。同年にはボルドーの対植民地貿易額は、マルセイユおよびル・アーブルの2倍になった。

ボルドーの貿易史については、ポール・ビュテルの研究が詳しい。彼はボルドー、ナント、マルセイユ、ル・アーブルとルアンの植民地貿易量の比較をおこない、ボルドーの植民地貿易量が飛躍的に増大したことを明らかにした。18世紀フランスの大西洋貿易拡大は、どこよりも

図3-2　フランスの河川と都市

ボルドーの貿易発展とリンクしていた。

17世紀のボルドーは、アムステルダムが最大の貿易相手であった。17世紀のアムステルダムは、フランスにブラジル産の砂糖を供給していた。さらに18世紀初頭にボルドーに移住した外国人としては、オランダ人がもっとも多かった。しかし１７１１年には、20名のハンザ商人が居住し、オランダ商人の数を少しだけ上回るまでになった。ハンブルクに代表される北ドイツの港湾諸都市から移住してきた商人は、ボルドー商業の発展にとって大きな役割を果たした。そのなかでもとくに、ハンブルク商人の活躍が顕著であった。18世紀のフランスとハンブルクの交易のほとんどは海上ルートによるものであり、陸上ルートによるものは皆無に近かった。ハンブルクはフランスの商品をスカンディナヴィア、ロシア、中欧に運んだ。ハンブルクはフランス、とくにボルドーとの取引を増やした。

ボルドーがサン・ドマングから輸入した砂糖を、フランス人はあまり消費せず、ハンブルクまで輸送することが多かった点に、植民地経済の発展が本国の経済成長につながらなかった弱点が見て取れる。

フランスと北ヨーロッパ諸国の中継地点として、アムステルダムではなく、ハンブルクの方が重要になっていった。ボルドーがアンティル諸島に代表される植民地との貿易を増大させたのは、オランダではなくハンザ都市、なかでもハンブルクとの貿易量が増えた時代であった。ボルドーを中心とするフランスの新世界との貿易拡大は、オランダ商人もあるが、ハンザ商人、とりわけハンブルク商人との関係が緊密になっていくことによっておこったのである。また、長年にわたりハンブルクと取引していた商家もあった。

フランスはカトリックの国であったが、オランダと取引する場合、プロテスタント商人のネットワークに依存していた。オランダ商人が衰退すると、それに代わって台頭してきたのは、ハンザ都市（大半がハンブルク）の商人であった。

ハンブルクがボルドーとの貿易において、これほどまでに大きな役割を演じていた理由の一つは、ハンブルク商人がフランスの貿易港に定住し、フランス国王から通商条約により、国内での特権的地位を確保されていたからである。しかもハンブルク商人は自分たちで商売をおこない、リスクを負ったのに対し、オランダ商人は通常、委託販売を引き受けたにすぎなかったので、しばしばフランス商人が損失を被った。ハンブルクとの取引が大きく増加した背景には、同市とアムステルダムの商業取引形態の相違があった。

フランスとハンブルクの貿易は、１７１６年の条約によって基盤が形成された。この条約は全部で42条項からなり、それは次の4点に分類することができる。第一にハンザ都市への特典、第二に密輸入品に関する規定、第三にフランスとハンザ都市間の規定違反に関する規則、第四にフランスに対する特典である。

この条約の影響もあり、ボルドーにはドイツ商人が住み着くようになった。そしてドイツ商人が、ハンザ都市との交易に従事したのである。すでに述べたように、ドイツ商人のなかでは、ハンブルク出身者が圧倒的多数を占めた。

フランスは18世紀後半には、ハンブルクへの輸出をかなり増大させた。フランスはヨーロッパ内での取引の中心を、アムステルダムからハンブルクに移していった。少なくともフランスの輸出面からみれば、アムステルダムの貿易港としての機能の一部は、ハンブルクに移ったということができよう。

プロテスタント・ネットワーク

ボルドーでは16世紀末から、イングランドとオランダとの貿易の影響が大きかった。17世紀前半においては、ここで活躍する貿易商人のほとんどはオランダ人であった。さらにオランダと取引する場合、プロテスタント商人のネットワークに依存していた。

オランダとボルドーのプロテスタント・ネットワークに関しては、ペーター・フォスの研究に詳しい。すでに1651年に、446名のオランダ商人が、ボルドーから輸出される商品の70パーセントを請負っていた。フランスからオランダに輸出される商品の一部は、ドイツやバルト海地方に再輸出されていた。ボルドーのオランダ商人の共同体は、1685年のナント勅令廃止前も廃止後も、プロテスタントが中心であった。プロテスタントとカトリックのあいだの婚姻関係はほとんど存在しなかった。さらにプロテスタント教区においては、「国籍」という評価基準は意味をなさなかった。

しかし17世紀末から18世紀初頭にかけ、ボルドーにおけるオランダ商人の勢力は低下した。すでに蘭仏戦争（1672～1678）の終わりに、オランダ商人の数は、三分の一ほど低下した。「1680年代と90年代の危機」と関係した衰退は、それ以上にドラスティックであった。1670年には50数名であったボルドーのオランダ商人が、20名ほどに減少した。約三分の二の低下である。したがってルイ14世の時代にフランス―オランダ間の貿易が衰退したことは、ボルドーにおけるオランダ人の委託代理商の地位の低下を示すものである。

しかもオランダ商人は、ボルドーよりもイベリア半島を重視するようになった。しかしながら、ボルドーにおける主要な取引相手がオランダからハンブルクへと変化したことを、あまりに強調してはならない。ド・バリー（de Bary）家のように、オランダ商人が離散（ディアスポラ）し、ボルドーとハンブルクに居住し、通商関係を結ぶこともあったからである。アムステルダムからハンブルクに移住した商家が、今度はボルドーに移り住むこともあった。

オランダの場合と同様、ボルドーでは少数派のカルヴァン派の商人が、ハンザ商人と取引をおこなっていた。すなわち、商人間のプロテスタント・ネットワークという点では変化がなかったのである。国や地域をみれば貿易相手が変わったといえども、人的ネットワークの点では変わらなかったのである。

ハンブルクは、ユグノーの亡命先でもあった。ただし、ハンブルクはルター派の都市であり、ユグノーは市民権をえられず、亡命者の数自体は多くはなかった。とはいえ、ユグノーの移民が１６８５年にナントの王令を廃止したため、ユグノーがフランス国外に亡命し、その一部がハンブルクの繁栄の基盤を形成したといわれる。

ユグノーは数世代にわたりハンブルクに住み着き、フランス大西洋岸の港と密接な家族関係を維持した。そのようにしてハンブルクは、大西洋世界と良好な商業関係を保ったのである。これはまた、フランスからアムステルダムにおよぶプロテスタント商人のネットワークを形成した。

ハンブルクとイギリス

16世紀において、イングランドとハンブルクの貿易は盛んであった。それはまた、17世紀においてもあてはまる。

イギリスのドイツに対する輸出額（再輸出を含む）は、１７０１～１７０５年には、年平均90万８０００ポンドであり、１７９１～１７９５年には、年平均４００万９０００ポンドになった。オランダに対しては、それぞれ２０４万８０００ポンドと、１１３万ポンドである。

このように18世紀のあいだに、ヨーロッパ大陸におけるイギリスの主要輸出地域は、オランダからドイツへと転換した。港湾別をみれば、アムステルダムからハンブルクへと替わったのである。18世紀前半のあいだに、イングランドのドイツへの輸出額は2倍に増えた。

再輸出に目を向けると、1686年の時点で、イギリスからハンブルクへの国内製品の輸出額は18万7000ポンド、それに対し再輸出額は39万2000ポンドと、再輸出の方が多い。おそらく1660年代には国内製品の輸出の方が多かったのが、1680年代になって逆転したと考えられる。

イギリスの貿易統計を見ると、1731年にロンドンからドイツ（大半がハンブルク）へのタバコ輸出額は9万1000ポンドと多い。また、コーヒー輸出額は2万3000ポンドである。ちなみに、この年のイギリスからドイツへの再総輸出額は44万ポンドである。1751年には、イギリスからドイツへのコーヒー輸出額は7万ポンド、タバコ輸出額は10万ポンド、ドイツへの再輸出額は59万ポンドである。1790年代になると、ロンドンからハンブルクへの砂糖輸出額が急増する。イギリスが新大陸から輸入する砂糖は、ジャマイカ産のものが多かった。

さらに17世紀初頭のイングランドの対ハンブルクの再輸出は、ほとんど無視できるほどしかなかったが、1698／1701〜1749／53年の再輸出は、2・3倍以上に伸びた。一方、同時期に、オランダへの再輸出は60パーセントしか伸びていない。イギリスの再輸出先は、アムステルダムからハンブルクへと変化した。これは中継貿易港としてのアムステルダムの地位が低下し、ハンブルクの地位が上昇したことを物語る。

18世紀中頃になると、イギリスからドイツへの輸出品としては、毛織物よりも植民地物産の方が多くなる。イギリスからドイツへの輸出額は、年平均で、１６９６年から１７００年には毛織物が36万ポンド、再輸出品が16万ポンドであったが、１７７６年から80年にはそれぞれ30万ポンドと73万ポンドになっている。ロンドンとハンブルクの貿易関係は、18世紀が進むにつれ密接になっていくのである。

ハンブルクとヨーロッパ大陸

ところで、ハンブルクは後背地とどのように結びついていたのだろうか。これまで海上貿易に目を向けてきたが、ヨーロッパ大陸とハンブルクの商業的結びつきも見ていかなければならない。

ハンブルクの後背地はドイツにとどまらず、エルベ川を経由し、大市や陸路による遠隔地交易によって、中欧や南欧にまでおよんだ。大市としては、ライプツィヒがきわめて重要であった。ライプツィヒはロシアからポーランドを経由してドイツに至るルートの最終地点であり、ロシアから毛皮や蜜蝋が持ち込まれた。イギリス、オランダ、フランス、スペインはハンブルクにヨーロッパ外の製品を供給した。ライプツィヒは、大市の開催地として名高い。

国際的大市の使用こそが、ドイツの流通システムの大きな特徴であった。そのなかでも、ライプツィヒが目立つ。１６４８年から１７１０年まで、ライプツィヒの大市には、大量のユダヤ人が訪れていた。その多くは、おそらくは東欧系ユダヤ人のアシュケナジムであった。

ライプツィヒは、すでに16世紀に東欧との貿易が盛んであった。ブレスラウからハンガリー産銅の中継地として、フッガー家の銅の道の一部をなした。ライプツィヒではまた、イングランドからの大量の高価な商品が売却された。１７６３年には、イングランドからのドイツの輸入の四分の三を、さらにドイツからイングランドへの輸出の四分の三を、ライプツィヒが扱った。ライプツィヒ、フランクフルト、ニュルンベルクのほかには、ブレスラウが著名である。

ハンブルクはまた、フランクフルトとニュルンベルクの大市と密接な関係があった。このうちニュルンベルクからは、とくにイタリアやハンガリー、場合によってはトルコにまで商品が輸出された。このようにハンブルクの後背地は、中欧・南欧にまでおよんだ。そして複雑な国際的大市と遠隔地交易によって連結された。ハンブルクは、このような大市のネットワークの中継地点として重要であった。すなわち、海上貿易の商品がハンブルクを経由してヨーロッパ大陸で流通したのである。

この河口都市に送られた大量の植民地物産は、さらにエルベ川を下って流れ、やがて陸上ルートを通じて、イタリアやトルコ、ロシアにまで輸送された。ハンブルクの後背地は広く、単にドイツの貿易都市ととらえるだけでは、この都市の中継貿易の機能を理解するには不十分である。

このような視点からとらえるならば、ハンブルクはたしかに海上貿易も多かったが、海と陸との重要な結節点であった点が重要だと結論づけられよう。ハンブルクには新大陸からの植民地物産が流入し、さらにヨーロッパ大陸にその商品を輸出するための中継地点として機能したと考えられるのである。ハンブルクは北ヨーロッパで海と陸を結ぶ重要なゲートウェイであった。新大陸の商品は、ハンブルクから水路と陸路を使って、さらにドイツ各地の大市に送られた。大市のなかでは、ライプツィヒとの関係がもっとも重要であった。ライプツィヒからは、商品はさらにロシアに送られたのだ。

ライプツィヒを通して、ハンブルクからポーランド・リトアニアの商品が互いに行き来していたようである。ライプツィヒにはさらにロシアからの商品が持ち込まれたので、ライプツィヒを通して、ハンブルクとロシアの商品が交換されたと考えることは妥当であろう。ハンブルク―ライプツィヒを機軸として、バルト海・北海東岸の陸上貿易が存在していたことはまず間違いない。

18世紀のイギリスは、まだ世界経済の中核になってはいなかった。ここで明らかにしたように、ハンブルクを中核都市とする商業ネットワークもまた、非常に強固な商業的結合を形成していた。それは、イギリスのシステムとは対照的に、コスモポリタンな商人のネットワークからなる結合であった。

ハンブルクの決済機構

17~18世紀のヨーロッパにおいては、アムステルダムを中心とする多角貿易決済機構の発展がうかがえる。このような研究は１９５０年代に盛んであったが、現在ではあまり見られない。だが、この問題を扱った研究者の手法は、貿易統計にもとづき通貨の輸出量を推計するというものである。彼らは多角貿易決済機構の存在の有無について、重商主義者のパンフレットから判断していた。しかしこのような分析手法では、この当時に多角貿易決済があったかどうかはわかりづらい。むしろ、商人の手形決済の記録の方が正確な証拠となろう。スウェーデンの鉄輸出業者を論じたクルト・サムエルソンの研究が、その根拠となる。この当時、ストックホルム最大の輸出品は鉄であり、その輸出は数社によって独占されていた。その決済がロンドンやアムステルダムだけではなく、鉄輸出をしていなかったハンブルクでもおこなわれていた事実こそ重要である。ハンブルクでは直接貿易をおこなっていない地域の決済がなされたと考えられるのである。乏しい証拠ではあるが、このようなハンブルク金融市場の存在が、多角貿易決済機構存在の傍証になるであろう。

一般に多角貿易決済といえば、19世紀末のようにロンドンという１拠点を中心とした貿易決済が思い描かれよう。17世紀はアムステルダムが圧倒的に重要だったにせよ、18世紀においては、むろん時期によりいくらかの変動はあるであろうが、基本的にアムステルダム、ロンドン、ハンブルクの3都市を基軸とする多角貿易決済システムであったと考えられる。すなわち、国際貿易の決済都市がアムステルダムへの一極集中から、ロンドンとハンブルクを加えた形態へと変貌したと推測されるのである。

しかもそれぞれ、主要な貿易地域・決済相手国が異なっていた可能性が高い。それはやがて、ロンドンへと一極集中することになる。しかしそれ以前にこの3都市の金融上の関係が、より密接になっていったものと思われる。ヨーロッパの貿易地域拡大のため、1都市では金融機能が小さすぎて適応できなかったことが、その理由の一つとなろう。また戦争の時代には、金融機能を1都市に集中させるより、3都市に分散させてリスクを軽減する必要があったとも考えられる。それは戦争の時代に商業活動を活発化させ、より多くの地域と取引、さらには決済をするために非常に適した仕組みであった。

アントウェルペン商人のディアスポラにおいて、重要な移住先はまずアムステルダムであり、ついでロンドンであった。アントウェルペン商人がアムステルダムとロンドンに移住することで、この3都市間の商業システム・情報が同質化していき、そのなかでハンブルクの地位が上昇していったのである（アントウェルペンとアムステルダムの地位は、おそらく低下した）。このように、同質的な商業空間が北西ヨーロッパに広がっていったことで、取引コストは大幅に低下し、商業活動が活発化していった。

このような同質的な商業空間は、１８１５年以降、イギリスが中心となって拡大していった。それは第1章で述べた八つの大きな経済圏が、ヨーロッパの経済圏に飲み込まれ、一体化し、グローバルな商業空間の形成につながったことを意味するのである。

ユダヤ人（セファルディム）とハンブルクの関係

ハンブルクの貿易に関しては、フランスのほかスペイン、ポルトガルなどイベリア半島との関係が強く、この貿易は国際的にも重要であった。したがってハンブルクとオランダの貿易も、それと無関係ではありえなかった。イベリア半島との人的関係を見ると、セファルディムの影響が強い。

セファルディムはいくつもの地域に離散したが、ヨーロッパ内部においてはイタリアのリヴォルノやアムステルダムやロンドン、さらにハンブルクに向かうことが多かった。

ドイツ経済史の泰斗ヘルマン・ケレンベンツによれば、16〜17世紀のハンブルクでは、すでにポルトガル系・スペイン系の名前が見られるようになっていた。いうまでもなく、彼らはセファルディムである。17世紀初頭には、セファルディムがアムステルダムからハンブルクにまで来ていたようである。アムステルダムほどではないが、ハンブルクも宗教的寛容の都市であり、迫害を逃れてこの地に到来する商人も多かったのである。

スペイン領ネーデルラントの商人も、ハンブルクで取引したのである。ハンブルクのポルトガル人仲介業者の比率は、アムステルダムのそれより高かった。ここからも、イベリア半島との貿易におけるハンブルクの重要性が理解できよう。またハンブルクは中立都市であったので、戦争になるとアムステルダムからハンブルクに来て取引するユダヤ人商人もいたのである。

オランダは１５６８〜１６４８年の八十年戦争において、１６０９〜21年の十二年休戦（スペインとオランダの休戦）期間を除けばスペインの敵国であった。またオランダ人は、ポルトガルとは１６２１〜41年のあいだ、スペインとは１６２１〜47年のあいだ、公式的にはイベリア半島とその植民地との貿易はできなかった。それに対してハンブルクは、17世紀のうちにとりわけブラジルの砂糖、ダイヤモンド、インディゴ（染料）、コチニール（染料）、銀などの物産の流通・分配拠点として、アムステルダムに匹敵するようになった。

人的ネットワークから見るなら、すでに17世紀のハンブルクは、アムステルダムとイベリア半島のセファルディムを中継する役割を果たしていた。実際、セファルディムはイベリア半島からハンブルクやロンドンに渡り、その後アムステルダムに移住したともいわれる。

ハンブルクはまた、上述のように国際的な金融都市であった。中世のあいだにスペインとポルトガルでは、セファルディムが商業的に支配的地位に立っていた。セファルディムの資金は、国際的に非常に重要であった。ハンブルクは16世紀後半には経済的に大きく台頭した。１６１９年になると、ハンブルク銀行が創設されることになる。

そのハンブルク銀行であるが、この銀行がヨーロッパの金融市場にとって非常に重要であったことは言を俟たない。そのハンブルクへの拠出金を比較すると、ポルトガル人（セファルディム）よりもオランダ人の方が多かったのである。ここからも、アムステルダムとハンブルクの金融上の結びつきの強さが想像できよう。ハンブルクは、国際貿易の決済のための銀行として登場したのである。

フランス革命・ナポレオン戦争の影響

フランスは、革命により封建的勢力が一掃され経済発展が可能になったと、かつては論じられてきた。しかし現在の立場はそれとは逆である。フランスのフランソワ・クルゼと日本の服部春彦はフランス革命で貿易がストップしたことを証明した。革命は、むしろフランスの経済発展にとってマイナスであったというのである。

これに対して、たとえばシルヴィア・マルザガリの研究のように、ナポレオン戦争期にボルドーの貿易が一定量あったことを証明するものもある。とはいえ、フランス革命がフランスの経済発展に重大な障害だったことは、現在の研究からみて否定できない。この時代にヨーロッパの貿易システムは大きく変化した。

戦争の時代においては、中立船がなければ貿易は継続できない。フランス革命・ナポレオン戦争の時代に、アメリカ合衆国の船が多数ヨーロッパに押し寄せ、中立政策によりヨーロッパにおいて海運業を発展させた。アメリカ経済は、発展の機会をえたのだ。

１７７６年に独立宣言を発したアメリカは、１７８３年のパリ条約で正式に独立が承認された。そのため、イギリスの体制下にいたことでもたらされる保護主義の傘がなくなり、自国で独自に経済成長のための道を探ることを余儀なくされた。そこにあらわれたチャンスが、フランス革命・ナポレオン戦争だったわけである。

この二つの戦争がヨーロッパ経済に与えたインパクトは、じつは違っていた。にもかかわらず、フランス革命戦争（１７９２～１８０２）とナポレオン戦争（１８０６～１８１５）の影響力の差異に関する研究が少ないのは問題であろう。フランス革命・ナポレオン戦争がヨーロッパ経済に与えた影響は、同じような側面もあったが、違った面もあったことを論証することが、本節の目的である。前者は主としてイギリスに、後者はおおむねハンブルクに関係する。ナポレオン戦争の影響に関しては、次のクルゼの言葉が引用に値する。

> したがって、ナポレオン戦争がヨーロッパ大陸に与えた影響のバランスシートを作成すれば、以下のようになる。「海運業」が崩壊し、リネン産業が衰退し、主要である鉄工業が衰退し、羊毛・絹、第二位の金属産業が少し成長し、綿業が比較的スムースに成長した。さらに、工業全体としては、ゆるやかに成長した。……（中略）……戦争の影響はイングラ

ンドより大陸に深刻な打撃を与えた（F.Crouzet, “Wars, Blockade, and Economic Change in Europe, 1792–1815”, *Journal of Economic History*, 24–4, 1964.)。

ここでイギリスに目を向ければ、十数年間にわたりヨーロッパ大陸が戦場になったので、イギリスがもっとも有利な投資先になったことがある。それはまた、イギリス工業化に大いに役立つことになった。

フランス革命・ナポレオン戦争は非常に費用がかさむ戦争であったことは事実である。イギリスは国債に頼って戦争を遂行することはできず、所得税を導入した。苦しい戦争であったことはたしかである。しかしもしこのような長期間ヨーロッパ大陸で戦争がなかったなら、イギリスに大量の資本が投下されることも、また数は不明であるが、おそらくはイギリスに大陸の商人が来ることもなかったろう。したがって資本・商人の両面から、イギリスにとって少なくともヨーロッパ諸国と比較するなら、プラスの結果をもたらしたであろう。

ナポレオン時代になってフランスは、大陸封鎖令（１８０６）により、イギリスを経済的に封鎖しようとした。しかし、それには失敗したといわざるをえない。イギリスの製造部門がウェリントンの大陸政策に影響を受け、消費財の輸出に重点をおく軽工業から、軍需品生産をおこなう重工業へと中心を移すという結果になったにすぎず、結局イギリスの工業化を促進したからである。しかもまた、イギリスへの密輸もあったと考えられる。

ドイツ人の歴史家ヴァルター・クレッセは、18世紀末から19世紀初頭にかけてのハンブルクが、イギリスとフランスとどのような貿易関係をもったかということに対して、興味深い事実を提示する。まずフランス革命の直前に、ハンブルクからフランスに向かう船舶数が著しく増大し、しかしフランス革命によって大きく低下する。その一方で、フランス革命期にハンブルクからイギリスに向かう船舶数が増加している。

1802年にはロンドンにとって、ハンブルクがヨーロッパ大陸最大の取引相手先になる。そして1806年にナポレオンが大陸封鎖令を施行すると、イギリスからヨーロッパ大陸に向かう船舶のうち、ハンブルクの船舶がもっとも多く使用された。

1795年にフランス革命軍によりオランダが占領されると、アムステルダムの貿易・金融市場は大きな打撃を受けた。ハンブルクはそれによって、大きな利益をえた。これはもしかしたら、ハンブルクにとって千載一遇のチャンスだったかもしれない。ハンブルクはアムステルダムの代替港として台頭したからである。さらにハンブルクは、中立を利用して大きな利益をえた。

しかし、フランス革命軍によりドイツが占領されると、ハンブルクの貿易には大きな痛手となった。しかも大陸封鎖令により、中立国の船舶でさえイギリスと取引することができなくなった。これはそれまでの戦争との決定的な相違であり、フランス革命とナポレオン戦争を同一視できない理由がここに見いだされる。

1808年には、ナポレオン軍によって占領されたハンブルクの商人の多くがこの都市を離れ、中立国スウェーデンの貿易都市イェーテボリに向かった。ハンブルクはアメリカとの海運業で非常に重要な都市だったので、イェーテボリで目覚ましい商業ブームが起こった。スウェーデン史家レオス・ミュラーは、1807〜1815年をイェーテボリの「輝ける年月」と呼んだ。したがってもしナポレオン戦争が長引けば、おそらくアムステルダムからハンブルクに移住し、さらにイェーテボリへと移った商人もいたことであろう。しかしナポレオン戦争が終わると、イェーテボリの役割は終わりを迎えたのである。

イギリスのヘゲモニーへ

アムステルダムを中心とするオランダの商業技術・商業ノウハウなどは、商人ネットワークを伝わってイギリス（ロンドン）とハンブルクに移植された。これはアムステルダムをゲートウェイとして、いくつもの国々・地域の商業技術・商業ノウハウなどが、やがて主としてこの2都市に伝えられたことを意味する。

18世紀の北ヨーロッパ商業は、都市のネットワークという面からみれば、アムステルダム―ロンドン―ハンブルクの3都市の関係がきわめて重要であったことが判明しよう。しかもロンドンには、ハンブルクを中心とするドイツ商人が大量に流入した。これらの都市の機能の詳細は今後の研究にゆだねなければならないが、ヨーロッパ近世の研究にとって、この3都市の関係がきわめて重要であることは疑えない。

さらにアムステルダムの貿易をみると、バルト海貿易においてアムステルダムに立ち寄らず、直接バルト海地方と西欧の港とを航海する「通過貿易」が増えた事実は興味深い。これはアムステルダムが、商業情報の中心地となっていったからこそ可能だったことである。船舶がいちいちアムステルダムに立ち寄ることがなくても、必要な商業情報が入手できたのである。

アムステルダムに、ヨーロッパの商業情報が集積していった。18世紀のアムステルダムは、情報のゲートウェイとして重要であった。アムステルダムには、さまざまな地域の商人が同市を訪れ、場合によっては住み着いた。しかし定住する商人の数は必ずしも多くはなく、また別の地域に移動した商人も少なからずいた。それはまた、同市が情報の集約点だったことを暗示する。アムステルダム商人はヨーロッパのいたるところに移動したが、ロンドンとハンブルクがその代表であったことは間違いない。

この2都市を比較すると、アムステルダムの後継者として、おそらくロンドンの方が若干有利な立場にあったろう。ただその違いは、絶対的といえるほどには大きくはなかったはずである。少なくとも大西洋貿易で取引される商品の物流に関しては、ハンブルクは十分にロンドンと対抗できた。

ロンドンを中心とするシステムは、大英帝国の形成と関連する、より政治的なものであった。

ロンドンは首都から帝都になった。それに対しハンブルクを中心とするシステムは、物流を中心として形成された。国家の枠組みを重視するウォーラーステインが、ハンブルクの重要性に気づかなかったとしても不思議ではない。ハンブルクとロンドンの競争は、ナポレオン戦争が終了した１８１５年になってようやく、ロンドンの優位で決着がつく。それは経済活動に国家が強力に介入することが、イギリスの成功をもたらしたことも意味した。

　言い換えるなら、財政＝軍事国家としての成功が、対仏戦争だけではなく、物流面においても、イギリスを勝利に導いたのである。さらに１７９２年にはロンドンはアムステルダム金融市場に従属していたが、１８１５年にはアムステルダムがロンドンに従属するようになった。大英「帝国」のシステムの勝利につながり、国家が中央集権化しなかったオランダとは異なるシステムが誕生するのである。

　そしてフランス革命・ナポレオン戦争により、最終的にハンブルクではなく、ロンドンがヨーロッパ世界の中心となり、やがて文字どおり世界経済の中心となる。それはアムステルダムの影響力なしでは、考えられなかったのである。

　したがって、オランダがイギリスの経済的発展を抑制したのではなく、むしろ促進したと捉えるべきであろう。最初のヘゲモニー国家オランダが、次のヘゲモニー国家イギリスの誕生に貢献したのである。それはまた商人の移動・投資によって、ヘゲモニー国家が生み出されたという一面があったことも意味するものであろう。またハンブルクは、たしかに１８１５年以降復活した。しかしロンドンは、イギリスの帝都としての地位を高め、世界経済の中心都市として機能するようになったのである。

もう一つの世界システム

オランダのヘゲモニーの後継者として、イギリスとフランスがあった。「国家」を単位として見た場合、英仏間の戦争は、両国のヘゲモニー争いとして解釈すべきである。しかし、歴史は単に国家間の争いだけで成り立っているわけではない。それを補完するさまざまなものが付随しているのである。

国家が戦争をしているときに、そのために必要な物資の流通は、いわば血液のようなものである。むろん血液には、商品だけではなくカネや情報の流れが含まれる。その血液を流し経済を循環させていたのは、国家から独立した国際貿易商人であった。そのようなシステムを動かすための重要な都市として、ハンブルクがあった。

英仏の競争は、貿易都市でいうとロンドンとハンブルクの争いであり、長い年月をかけロンドンが勝利を収めたのである。

この時代、イギリスを中心とする世界システムは、第一次重商主義帝国（アメリカ植民地を中心とする帝国のシステム）を中核とする「帝国」のシステムであった。ハンブルクを中心として形成された「もう一つの世界システム」は、物流を中心とする商業ネットワークであった。その点で、アムステルダムを中心とする、オランダのシステムと類似していた。アムステルダムの後継者は、ロンドンではなくハンブルクであった。

ボルドーは、ヨーロッパの他地域におよぶプロテスタント・ネットワークの一部を形成しており、取引相手がアムステルダムからハンブルクに替わってからも、この点においては変化がなかったのである。

「もう一つの世界システム」は、大西洋貿易によってもたらされる植民地物産のヨーロッパ大陸への輸送を大きな特徴とした。ハンブルクはロンドンにとってあなどることができない競争相手であり、また不可欠の協力相手でもあった。

「もう一つの世界システム」は、ハンブルクとロンドンの関係が強化されていくことで、イギリス経済と融合していった。ハンブルクがロンドン最大の輸出先になっただけではなく、たとえばロンドンのマーチャントバンカーには、ハンブルク出身者が多かったのである。イギリスを中心とするシステムとハンブルクを中心とするシステムが一体となり、より大きな世界システムを形成した。それは、「帝国」というシステムを形成したイギリスの勝利であった。

そのためアルプス以北のヨーロッパが、イギリスの貿易網に組み込まれることになった。さらにそれは、イギリスを中心とする世界市場の形成にも寄与することになった。世界史は、「帝国の時代」ともいうべき、新時代に突入していったのである。

18世紀は英仏の抗争の時代であり、ヨーロッパのみならず、新世界やアジアでも戦争がなされた。にもかかわらずヨーロッパは、世界のどの地域よりも高い経済成長率があった。それは、本章で述べた「もう一つの世界システム」により、貿易が継続していたことが理由の一つであった。まだこの時代には、二つのシステムが共存していたのである。

ここで述べたのは、主としてヨーロッパ内部の出来事であった。本章で対象とした時代はまた、ヨーロッパ諸国が対外進出を積極的に進めた時代でもあった。ヨーロッパ諸国の力はまだ弱く、ディアスポラの民が必要であった。

第4章

ディアスポラの民が世界を縮めた

ヨーロッパの対外進出

これまで述べてきたことは、主としてヨーロッパ内部のことであった。それに対しここでは、ヨーロッパの対外進出について述べたい。それは、相当大きなコストがかかった出来事であった。

しかしヨーロッパは、そのコストを上回るほどのベネフィットをえたのだ。それが帝国主義時代のヨーロッパによる世界支配であった。ここでは、ヨーロッパの対外進出を可能にした異文化間交易の実態を示したい。それにより、これまであまり知られていないヨーロッパの対外進出の状況を、読者に提示したい。

ヨーロッパの対外進出の開始は、１４１５年とされる。この年に、ポルトガルはアフリカ西北端のセウタを攻略し、ヨーロッパ最初の海外植民地にしたからである。ポルトガルは、１４６０年にはシエラ・レオネに到達した。１４８５年にはコンゴ王国に到達し、その3年後の１４８８年には喜望峰を発見した。１４９０年になると、ポルトガル人はアンゴラ海岸部ルアンダに植民し、ここに奴隷貿易の拠点を築いた。１４９８年にはヴァスコ・ダ・ガマがインドのカリカット（コジコード）に到達した。ここに、ポルトガルのアジア進出がはじまったのである。

アジア航路を開拓したのはポルトガルであったのに対し、新世界への進出の口火を切ったのはスペインであった。いうまでもなく、１４９２年にコロンブスが新世界を「発見」したからである。その後、コンキスタドール（征服者）と呼ばれる人々が新世界を征服していき、コルテスは１５２１年にアステカ帝国を、ピサロは１５３３年にインカ帝国を滅ぼした。これ以降、中南米の多くはスペイン領になった。

現在の中南米で、ポルトガル語を公用語とする国はブラジルである。１５００年にポルトガル人のカブラルが現在のブラジルの地に到着すると、この地はポルトガル領になった。ポルトガル人が到着したからといってポルトガル領になる理屈がわからないが、16世紀になると、ヨーロッパの対外進出が本格的に開始され、アフリカ、新世界、アジアのいくつもの地域が、ヨーロッパ諸国の植民地になっていった。その先頭を切ったのは、ポルトガル・スペインというイベリア半島の2国であり、帝国主義時代の最終的勝者になったのはイギリスであった。

植民地を形成するのと同時に、ヨーロッパでは主権国家、さらには国民国家が形成されるようになった。すなわち、帝国と主権国家の形成は同時期に生じた現象であり、植民地は本国に奉仕するために存在したのである。そのためもあり、植民地はヨーロッパのような国民国家とはならなかった。そもそも国境線とは、本国の都合に合わせて引かれたのであり、地元の都合は考えられなかった。それは現在の世界にまで、大きな問題を引き起こしているのである。

ポルトガルの進出

ポルトガル海洋帝国は、史上初の世界的な海洋帝国であった。以前の研究では、スペインとともに大航海時代の先駆けとなったものの、その後急速に衰退するというイメージが強かったポルトガルであるが、現在では、ポルトガルの国家としての力は衰えたものの、ポルトガル商人の力は依然として強かったというのが通説になりつつある。ポルトガルの帝国とは、むしろ自律的な商人によって組織され維持された商業帝国だと認識されている。

ポルトガルの植民地としては、ブラジルが圧倒的に大きいが、アフリカの西岸と東岸、さらにはインドや東南アジアにまで植民地を有した。ポルトガルの植民地はほぼ同じ緯度にあり、これらを総称してピンクゾーンという。ポルトガルの地図では、ピンクに塗られていたからである。以前は17世紀になると、アジアよりもブラジルの方が重要になっていったと思われていたが、現在ではアジアとブラジルの結びつきが強められたという見解に変わっている。

ポルトガルは小国であった。だから植民地をオランダやイギリスに奪われたとしても、アジアで自国商人が活躍するだけで、十分な市場がえられたのかもしれない。これは小国ならではのニッチ戦略といえた。17世紀終わり頃、ポルトガル商人は英仏の東インド会社と共同して貿易をしていた。どちらの東インド会社も、商業的にはポルトガルと敵対する必要はなかったか

図4-1　ポルトガル海洋帝国

1410〜1990年にポルトガルが領有したことがある地域

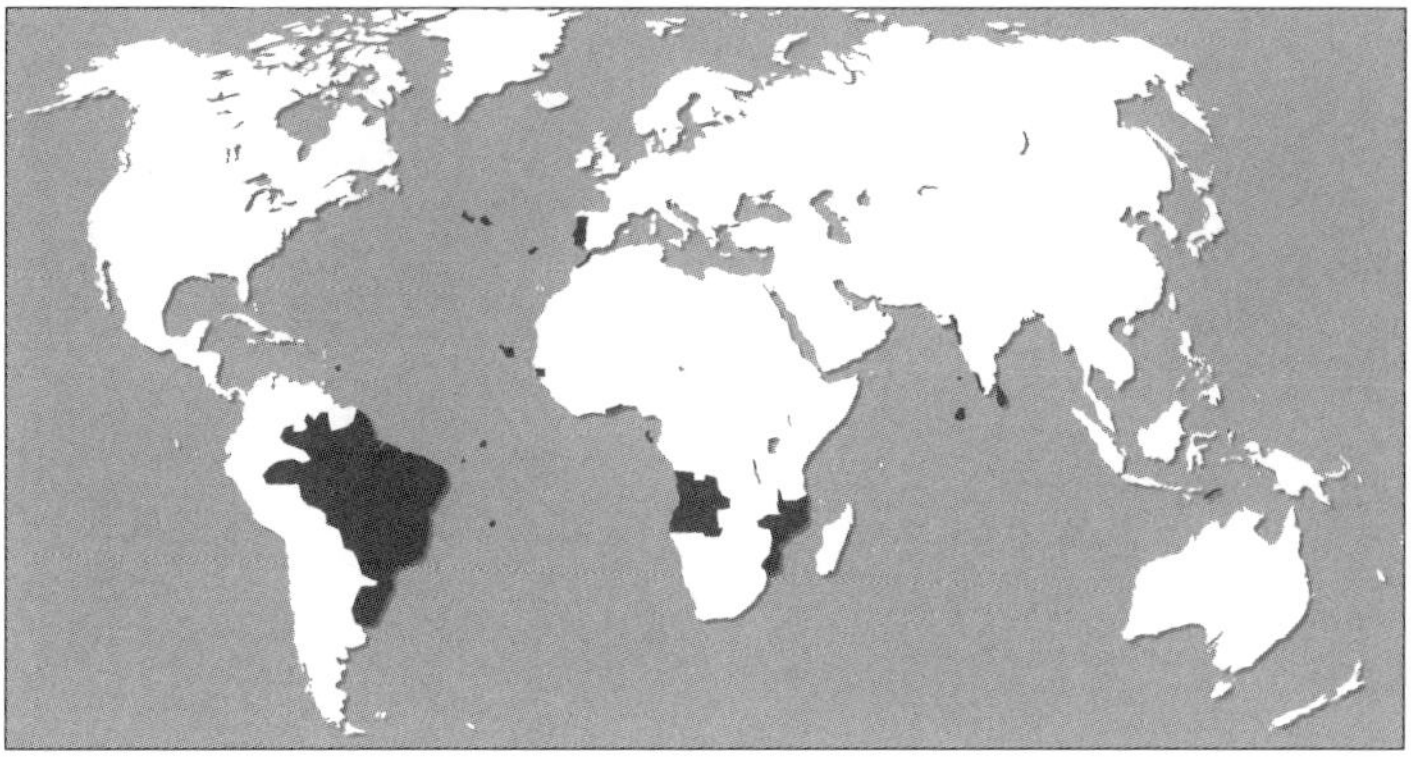

らである。ポルトガル語は19世紀初頭に至るまで、アジアでもっとも頻繁に話されたヨーロッパの言語であった。

アジアのヨーロッパ商人

16世紀以降、アジアでヨーロッパ商人の活躍が目立つようになる。たとえば中国におけるポルトガル人は、アジアの海上貿易で大きな貢献をした。中国から日本までの中間商人として活躍したのである。新世界の銀が、メキシコからガレオン船で太平洋を横断して輸送され、マニラを経由して中国に到達した。ヨーロッパは、明らかに海運力でアジアを上回っていたのだ。

また東南アジアには、非常に多くのタイプの商人がいた。そのなかに、ムスリム商人が含まれる。彼らの多くは、もともとインド出身であった。また、ムスリムに滅ぼされたマジャパイト王国（1293～1520頃）はヒンドゥー教王国であった。そのうえ仏教の王朝もあった。中国からは、華僑が東南アジアに移住していた。

インドにはムスリム商人が多かったが、ヒンドゥー商人もいた。シク教徒の商人もいたし、アルメニア商人も活躍していた。

このような宗教的多様性は、おそらくヨーロッパには見られないものであった。換言すればアジアこそ、異文化間交易の地であった。そのためにポルトガル商人は、アジアの海に比較的容易に進出し、商業活動に従事することができたのである。彼らは、異邦人として警戒されることも、キリスト教徒として排除されることもなく、アジアの海に入っていった。そして、アジア商人のネットワークを利用しながら、少しずつ活動領域を拡大していったのである。アジア人の海は、やがてヨーロッパ人の海へと変貌していった。

異文化間交易と商業形態――ヨーロッパのソフトパワー

イタリア人の歴史家フランチェスカ・トリヴェッラートは、イタリアのリヴォルノの商人とインドのゴアのヒンドゥー商人の異文化間交易を研究したことで知られる。彼女は、イタリアから地中海産のサンゴがインドのゴアに輸出され、ゴアからイタリアへはダイヤモンドが輸出されたということを立証した。

その研究によれば、契約文書はポルトガル語で記されており、商業スタイルとしては、明らかにヨーロッパに有利であった。

ここで大きな働きをしたのが、印刷機の発明である。というのも、商人が手紙を出すときの規則を印刷したパンフレットなどが出版されたからである。しかも商業書簡はマニュアル化され、ヨーロッパ商人はヨーロッパ外商人との取引でも、そのルールを押し付けることになった。たとえばゴアのヒンドゥー商人は、キリスト教のヨーロッパで精緻になった手紙の書き方の規則を吸収することになった。

パンフレットに書かれた慣行を守ったなら、ヨーロッパ外の商人でも、ヨーロッパ商業の仲間になることができた。ヨーロッパ人は、このようにして徐々にアジア商業の世界をヨーロッパ化したのである。この当時のヨーロッパは、もしかしたら経済水準はアジアよりも低かったかもしれない。だが、商業システムははるかに洗練されていたのだ。

ヨーロッパは、たしかに暴力手段を用いて支配地域を拡大していった。しかしそれと同時に、商人の独自の活動で、ヨーロッパの商業空間が拡大していったのである。

異文化間交易とは

ここで「異文化間交易」について、やや詳しく触れておくことが必要であろう。これは元来、アメリカ人の歴史家フィリップ・カーティンによって１９８４年に上梓された書物で使われた用語である。この語は現在の欧米の商業史研究において、しばしば使われるキーワードとなっている。カーティンはこの用語を使って、古代メソポタミアから20世紀までの歴史を扱っている。

　商業活動を拡大させれば、当然それまでの取引相手とは違った相手と取引することを意味する。したがって商業空間の拡大は、異文化間交易圏の拡大につながる。異文化間の交易をどのようにしておこない、世界の商業が拡大し世界経済が発展したのかは、歴史研究においてきわめて重要なトピックとなる。

　ここでカーティンの理論に従い、異文化間交易の定義をしてみよう。カーティンによれば商人は、出身地域から大きくはなれた別の都市に異邦人として移住する。通常は取引相手の共同体の辺境地域ではなく、重要な役割を果たす中心都市に移り住む。定住した異邦人商人は、その地で語学や習慣、さらには生活スタイルの習得につとめ、やがて異文化間交易の仲介者となる。そして住みついた地域ともともとの出身地域の人々とのあいだで、交易の促進につとめるようになる。

　この段階になると、移動のあとに定住した商人と、行き来を繰り返す商人に分岐する。それにともなって当初は単一の居留地からはじまった居留地が、複数になっていく。さらに、それらが互いにつながるようになる。もとの共同体の外に一つの居留地をつくった交易民は、徐々にその居留地を増やし、交易のための共同体を網羅する交易ネットワークを形成する。それを交易離散共同体と呼ぶ。

カーティンによれば、このようにして交易圏が拡大する。その交易圏では、おそらく比較的均質な情報がえられ、商業慣行も統一されると推定できる。商人は場合によっては、宗派や宗教が異なっても積極的に取引していたことは、現在の研究では一般的に認められている。

ヨーロッパは、ヨーロッパとは異なり宗教的に寛容であったアジア社会に、比較的容易に進出することができた。そしてアジアの物流を、自分たちのものにしていったのである。18世紀後半にイギリスが産業革命により綿製品を世界に輸出することができたのは、イギリスが世界一の海運国家だったからだということは、忘れてはならない重要な事実である。

商品連鎖と近代世界システム

ここでまた、ウォーラーステインの議論に立ち戻ろう。ウォーラーステインによる近代世界システムは、国際分業体制を前提としている。ウォーラーステインは、流通コストの、そして流通経路の長さを重要視しない。このような問題は捨象され、第一次産品輸出国から工業国へと第一次産品が、工業国から第一次産品輸出国へと工業製品が輸出されたことが論じられる。だが、いうまでもなく、それには長い道程がある。ところがウォーラーステインは、輸送経路の変化により輸送コストが上下し、結果的に商品価格が変動するという事実をあまり考慮しない。一般の経済学者と同じく、輸送コストが経済の重要問題だとは考えていない。そのため単純に、工業国が第一次産品輸出国を収奪するという図式を描きがちである。ここにウォーラーステインの大きな問題点がある。

ここで、第一次産品の輸送のすべてを第一次産品輸出国が担ったと想定してみよう。この場合、支配―従属の関係は成立しない。工業国は製品を製造するしかない地域となるからである。製品輸送のための費用を支払うのは工業国となり、収奪されるのは工業国になる。第一次産品輸出国は工業製品を購入するだけの余剰をもち、工業国は第一次産品輸出国にしか工業製品を輸出できないということになる。工業国が、第一次産品輸出国に従属することになってしまう。工業国が第一次産品輸出国を収奪するとはかぎらない。

東南アジアやインドから、ヨーロッパへと香辛料が輸出されていた。これは長い旅路を経て、原材料や作物が完成品となったことを意味する。

ウォーラーステインの理論を補強するものとして、アメリカ人研究者スティーヴン・トピックが考え出した「商品連鎖（commodity chains）」がある。この考え方によれば、商品は生産された現地で消費されることもある。しかし、商品によっては多くの人の手をへて、原材料から中間財となり、やがて最終製品となり、消費者に購入されるものもある。トピックは、このような商品の流れを、「商品連鎖」と名づけたのだ。商品によっては香辛料のように、原材料に近いまま輸出される。そして、商品の流通経路のすべてを管理する人はいない。

世界的な商品であるならば、その商品を研究することで商品流通、商品生産のネットワークが研究できる。この商品連鎖に参加する人々や制度、さらに技術は多数あり、地理的分布と統治機構は大きく変化することになる。商品連鎖という概念は、大きな注目を浴びる言葉となりつつある。したがって、さまざまな国際商品の商品連鎖の分析により、その商品にかかわる多様な面が世界的規模で明らかになることが期待される。この概念はまた、ある国ないし地域が、別の国や地域に経済的に従属する理由を説明できる。

ヨーロッパの対外進出と「商品連鎖」

「商品連鎖」という概念を用いることで、支配―従属関係を説明することが可能になる。それによって、工業国あるいは第一次産品輸出国のどちらが収奪されるのかがより明示的になる。

工業国が第一次産品供給地域を収奪したことは、ある程度、事実であろう。これまでの議論の問題点は、流通過程を誰が担うかという問題を無視ないし軽視してきたことにある。工業国が第一次産品輸出国を収奪できたのは、その輸送経路を押さえてきたからにほかならない。ヨーロッパは対外的拡張を遂行するにあたり、まず輸送経路を確保し、その後ヨーロッパの製品をヨーロッパの船舶で輸出した。それを無視して、支配―従属関係を語ることは無理であろう。しかし、これまで、そのような無理な理論がまかり通ってきたのである。この点においては、従属理論の支持者であれ批判者であれ、同じ誤りを犯してきた。

香辛料は東南アジアからインド洋を経て、さらに喜望峰を回って、ヨーロッパに輸送された。香辛料の輸送経路は、世界を半周するほどに長かった。したがって、香辛料貿易による支配―従属関係は成立しなかった。そのために、アジアはヨーロッパに対し優位に立てても、支配的であるほどの力はなかった。

それに対しヨーロッパは、１８７０年代になると蒸気船による輸送を発達させ、国際分業体制による支配―従属関係を成立させた。蒸気船によって、植民地から本国までをヨーロッパの一隻の船舶で輸送することができ、長い流通過程のすべてがヨーロッパのものになったからである。

われわれは、それを当然視し、流通過程の重要性を忘れてしまった。そのため、流通過程を無視した支配―従属関係を想像したのであろう。

ヨーロッパの対外進出とディアスポラの民

ヨーロッパから他地域に人々が流出した大きな理由として、宗教改革があげられる。

１５１７年、マルティン・ルターがカトリック教会の腐敗に対して95箇条の論題を発表したことをきっかけとして宗教改革がはじまり、世界史は大きく変わった。

宗教改革のために、西欧世界はカトリック地域とプロテスタント地域に分裂した。プロテスタント地域は、さらに細かな分派に分かれた。宗教改革がきっかけとなった宗教戦争はナショナリズムを生み出し、国や地域によって奉じる宗教が異なる状況を生み出した。その終結は、三十年戦争の講和条約であるウェストファリア条約が結ばれた１６４８年を待たなければならなかった。

だが同時に、現在では世界中にキリスト教徒がいることもたしかである。しかしそれは、少なくともその出発点はカトリックの２国——スペインとポルトガル——の海外進出にあった。イベリア半島からキリスト教徒が流出したことについては、イエズス会の力が大きかった。しかもイエズス会士の少なからぬ人たちは、ユダヤ教からカトリックに改宗した人たちないし彼らの子孫であるコンベルソが多かった。

じつは、イエズス会の創設者であったイグナチウス・ロヨラ（１４９１〜１５５６）は、コンベルソの家系に属していた可能性がかなり高いというのが、スペイン史家ケヴィン・イングラムの主張である。そのためロヨラは、故国にいては生きづらいコンベルソをイエズス会に組み込み、会の発展をはかったというのだ。

カトリックの国であるスペインでは、何よりも「血の純潔」が重視されていた。「血の純潔」とは、代々キリスト教徒であった旧キリスト教徒が尊ばれるということであった。コンベルソは特定の職種から遮断、排除される存在だった。彼らは、カトリック教会のなかで公職につけなかったのである。

ロヨラの時代のイエズス会は、コンベルソを構成員とすることで発展していった。これは、非常に重要な事実である。ロヨラは、イエズス会はすべてのキリスト教徒に開かれた組織であるべきだと考えていた。だが、やがてコンベルソは旧キリスト教徒との争いで勝てなくなっていった。イエズス会は、開かれた組織とはいえなくなったのである。

しかし、もしロヨラがコンベルソを排斥していたなら、イエズス会の急速な発達はなかったと考えられる。「血の純潔」は、本来もっとも忠実なカトリック信者が集まるべきイエズス会により、否定されたのである。

１５８０年頃からポルトガル人は、日本から毎年20トン程度の銀を輸出していたと推計されている。ポルトガル人は、中国で購入した生糸・絹織物を積載して日本に来航し、これらの商品を銀（石見銀）に換えて東南アジアで香辛料を購入するという中継貿易に従事していた。いうまでもなく、このポルトガル人の多くは、イエズス会士であった可能性が高い。

しかもスペイン領新世界とペルーにコンベルソが到着し、コンベルソのネットワークは日本からマカオへ、そして新世界へと結びついた。すなわち、コンベルソのネットワークは世界的なものへと変貌した。それはおそらく、イエズス会のネットワークとかなり緊密に結びついていた。

コンベルソは、イベリア半島から追放されたディアスポラの民である。彼らは追放されたがゆえにアジアに住みついた。彼らはイエズス会と協調し、商業活動をした。イエズス会もまた、彼らのネットワークを利用し、活動領域を拡大した。イエズス会とコンベルソの活動は、表裏一体の関係にあったといえよう。

宗教改革は、たしかにドイツからはじまった。それに対抗してカトリックが対抗宗教改革をおこなった。大航海時代の口火を切ったのはイベリア半島のポルトガルとスペインであり、彼らが、いわば宗教改革と対抗宗教改革の影響を世界各地に輸出したのである。彼らこそ宗教改革を世界に普及し、ヨーロッパの世界観を世界各地に植え付け、武器貿易で巨額の利益をえたと考えられる集団なのである。

イエズス会を、単にカトリックの布教団体だととらえるべきではない。

インドキャラコ

すでに第2章で述べたように、18世紀後半のイギリスで発生した産業革命が、世界史を大きく変えた出来事であったことは間違いない。その産業革命に関する一般的な見方は、現在もなお、インドランド北西部のマンチェスターで綿織物産業が急激に発展したというものであろう。

しかし現在の研究では、もっと国際的な視野から研究しなければ、イギリス産業革命の発生は理解できないことがわかっている。そもそもイギリス産業革命が発生する以前に、インドからヨーロッパに綿が流入していた。イギリス産業革命は、インド綿に対する輸入代替産業の発展という側面があった。

インドの手織りの綿織物は、インドキャラコと呼ばれた。肌触りがよく比較的安価で、イギリスだけではなく、ヨーロッパ諸国はこぞって輸入していた。インドキャラコは、中世後期には、地中海ですでに高く評価される商品であった。ヴェネツィア商人とジェノヴァ商人が香辛料、さらに宝石、ペルシア製の絹のような高級品、インドキャラコを入手するためにレヴァントの中間商人を使って、アジアと積極的に貿易をし、インドキャラコを輸入しようとしていたのである。

たとえば１６８２年のイギリスでは、「フランスやオランダ、ないしフランドルの布地ではなく、キャラコを着ることが……より一般的になってきたことは、『国家的利益』だ」と、いわれたのである。

この当時のイギリスは、ヨーロッパ諸国との貿易競争の真っただ中であった。イギリスがこの当時ヨーロッパ大陸（中欧）から輸入していた織物はリネンであり、ライバルであるヨーロッパ諸国から輸入するなら、イギリス東インド会社を通じてインドから輸入する方がよいと、イギリス政府は考えたのだ。

ヨーロッパに輸入されたインド綿は、17世紀末には「キャラコ熱」ともいうべき現象を引きおこしたといわれていた。だが、その人気は、多くの同時代人がいったのとは異なり、「熱狂的」というほどではなかったことが最近の研究ではわかっている。

あまり知られていないが、この過程で重要だったのはヨーロッパ人が、だんだんインド綿に「慣れていった」ことであった。インド綿の販売が徐々に多くなっていったのは、インド綿にヨーロッパ人が徐々に慣れていったからであり、やがてインド綿そのものに違和感を覚えなくなっていったからだ。逆にその慣れに恐れを感じたのか、イギリスではキャラコの輸入が禁止されたのである。

インドキャラコのヨーロッパへの流入には、アルメニア人が大きな役割を果たした。

アルメニア人の役割

そこでここでは、アルメニア人について少し話しておきたい。彼らは、主としてユーラシア大陸の陸上貿易で活躍した民であった。12世紀以降20世紀に至るまで、おおむね彼らは国家なき民であった。

アルメニア王国は、301年に世界で初めてキリスト教を国教としたことで知られる。アルメニア正教会は、単性論（イエスに神性しか認めない）といわれることもあるが、「自らは単性論派ではなく、むしろ、キリストの二つの本性を不可分とする自身の独特の解釈に従っていると主張した。キリストの人性は強調されなかったものの、それが完全に無視されたのではなかった」。ユダヤ人と異なり、アルメニア人はキリスト教徒であったので、ヨーロッパ人と取引がしやすいという大きな利点があった。

アルメニア人の領土は、何度も大きく変わった。しかし一般に「アルメニア」の領域として考えられているのは、西は小アジアの高原まで、南西はイラン高原まで、北は南コーカサスの平原、南はカラバフの山地にまで広がっている。

アルメニア人は、サファヴィー朝ペルシアの王アッバース1世によって、17世紀初頭に現在のアゼルバイジャンからイスファハーン郊外の新ジョルファーに強制移住させられた。その後の一世紀間、彼らは新ジョルファーを拠点として商業活動に従事した。

アルメニア人はメソポタミア、インド、インドネシアばかりではなく、ヴェネツィア、リヴォルノ、アムステルダムに移住し、ヨーロッパにおける絹と染料の貿易をしていた。アルメニア人はまた、ヨーロッパにインドで発生した染色技術を伝えた。それは、手で捺染する技術である。

アルメニア人はインド北西部のグジャラートで生産された綿布を、イラン、バンタム、マニラで販売し、さらに彼らがイランで生産した綿布を、フランス、近東、東欧に販売した。そしてアルメニア人は、インドを起源とする綿の捺染技術をイランで学習したと思われる。

ヨーロッパでは、インドとは異なり捺染工が不足していた。しかしヨーロッパには、紙と銅版による印刷に関する多数の経験があった。たとえばエッチングがそれにあたる。ヨーロッパの捺染工は、インドのように手によって捺染するのではなく、銅のプレートとローラー捺染の発明によって捺染するようになった。これは大きな技術的進展であった。それだけではなく、印刷機を用いて大量に捺染することに成功した。

捺染とは、英語でprintという。したがって印刷機を使い、綿織物に捺染することと紙に印刷することは、基本的には同じ技術なのである。グーテンベルクが発明した活版印刷術が、綿織物の捺染に役立ったのだ。

多くの読者が産業革命における綿工業から想起するのは、紡績と織布の工程の機械化であろう。ハーグリーヴズのジェニー紡績機、クロンプトンのミュール紡績機、アークライトの水力紡績機、ジョン・ケイの飛び杼、カートライトの力織機などの発明品が思い浮かぶだろう。だが、そこに抜けているのは、捺染工程である。大量に綿織物を製造することは、捺染、すなわちプリントの効率性が大きく向上しなければならない。捺染工程もまた、機械化されたのである。

紡績・織布・捺染の３工程が機械化されたからこそ、イギリスの綿織物製造のコストは大きく低下し、インドの綿織物との価格競争に勝利し、イギリスは「世界の工場」になることができたのである。それは、非常に長い過程であった。そして、この長い過程のあいだにイギリスは、そして長期的にはヨーロッパは、インドのみならず、アルメニア人の影響下から離脱することに成功したのだ。

新世界に行ったセファルディム

セファルディムとは、すでに述べたようにイベリア半島を追放されたユダヤ人のことである。イベリア半島に残ったユダヤ人は、ユダヤ教からカトリックに改宗するほかなかったが、イベリア半島を捨て、海外に移住するユダヤ人もいた。ヨーロッパのなかで、彼らが向かった主要な場所は、アムステルダム、アントウェルペン、ロンドン、ハンブルク、イタリアのリヴォルノなどであった。また、オスマン帝国に逃れたユダヤ人もおり、同帝国の経済的興隆に大きく貢献した。

セファルディムのなかには、新世界に移住する人たちもいた。彼らの多くは隠れユダヤ人といわれる人々であり、公には別の信仰をもっているが、現実にはユダヤ教を信じる人々であった。彼らがポルトガルの植民地のブラジルからニーウアムステルダム（ニューヨーク）に到着したのは、1654年のことであった。これは一般に、ニューヨークにおけるユダヤ人共同体の発祥とされる。

セファルディムは大西洋貿易において大いに活躍した。スペイン、ポルトガルの新世界への進出とともに、より自由な土地での活動を求め、セファルディムが大西洋貿易に従事し、さらに新世界に移住した。セファルディムはポルトガル、ブラジル、さらにオランダとのネットワークを形成していった。ここからわかるように、セファルディムのネットワークも、アルメニア人と同様、大変に広かったのである。

砂糖革命とセファルディム

1640年代になるまで、オランダは一時的にではあれ、ポルトガル領ブラジルのペルナンブーコを占領した。オランダによる占領で、ペルナンブーコに取って代わりバイーアが、主導的な奴隷貿易と砂糖生産をおこなう地域となった。オランダ人は、アムステルダムまで完成品の砂糖を運んだ。

ペルナンブーコが再度ポルトガルの手に落ちた1654年には、カリブ海のオランダ領植民地でサトウキビが栽培されるようになった。オランダ人のプランターと彼らが所有する奴隷が、カリブ海諸島に到着した。オランダ人の到着以前にもサトウキビは栽培されていたが、オランダ人こそ、カリブ海諸島に砂糖生産を定着させた人々だとされてきた。しかし、正確には「オランダ人」ではなく、ポルトガルからオランダに渡ったセファルディムであった。

スペインとポルトガルを追放されたセファルディムの少なからぬ部分は、アムステルダムとロッテルダムに避難先を見つけ、イベリア半島の故国と外国の植民地との貿易に大きく寄与した。

セファルディムのなかには、ブラジルのプランテーションで奴隷を所有する人たちもいた。彼らは、サトウキビの栽培法を知っていた。そのセファルディムがカリブ海内部のオランダ、イギリス、フランスの植民地に移住したのである。カリブ海から北米・南米にかけて見られたユダヤ人共同体の多くはセファルディムであり、彼らのネットワークによりサトウキビの生産方法、砂糖の生産方法が新世界に広められたのである。

新世界は、「砂糖の王国」になったといわれる。それはキリスト教徒ではなく、ユダヤ人であるセファルディムによって実現された。18世紀ヨーロッパでもっとも多くの利益を獲得できたのは、砂糖貿易であった。さらに砂糖は、食うや食わずの生活をしていたヨーロッパ人に、必要なカロリーを提供したのである。

イギリス産業革命はどのようにして発生したのか

大西洋貿易で砂糖以外に綿織物までも生産したのが、イギリスであった。それには、日本ではほとんど知られていないことだが、アルメニア人とセファルディムが大きく関係していた。

セファルディムとアルメニア人の交易圏を合わせると、太平洋以外の地域を包摂した。ただし、メキシコからマニラまで銀を輸送するガレオン船が絹をマニラからアカプルコに輸送した事実を重視するなら、世界各地におよんだということさえできよう。ヨーロッパ諸国の対外進出により、これらのディアスポラの民のネットワークは拡大した。

長期的にみれば、西欧は、この二つのディアスポラの民のネットワークを利用してその勢力範囲を拡大した。そしてイギリス産業革命とは、イギリスのセファルディムとアルメニア人の影響下からの離脱を意味したのである。これらのディアスポラの民の影響圏からの離脱は、ヨーロッパが経済的に他地域を圧倒する19世紀の前奏曲となった。では、それは具体的にはどういうことだったのだろうか。

大西洋貿易において、もっとも重要な商品は砂糖であった。その砂糖は、西アフリカから輸送される黒人奴隷が栽培したサトウキビから生産されたものである。イギリスの産業革命は、奴隷にサトウキビだけではなく綿花も栽培させた。しかも、カリブ海諸島の一部で綿花を栽培したのも黒人奴隷であった。イギリスはセファルディムの影響下から抜け出し、独自の大西洋経済システムを形成したのだ。

そして綿織物の捺染（プリント）技術を、ヨーロッパはアルメニア人から導入していた。それはまだ手作業であった。イギリス産業革命とは、手作業ではなく機械によって捺染するようになったことを意味する。イギリスは、アルメニア人の影響下からの脱出に成功した。

このように、二つのディアスポラの民の影響下から離脱が成功したときに、イギリス産業革命を嚆矢とする近代社会が誕生したのである。

ダイヤモンドとユダヤ人

次いで、ユダヤ人内部の変遷について見てみたい。1720年代にブラジルでダイヤモンドが発見されるまで、「ダイヤモンド」とは、ほとんどがインドのダイヤモンドであった。そして、ダイヤモンド貿易の中心に位置したのは、ユダヤ人であった。それは、必ずしもユダヤ人が自ら選択したからではなく、金融業やダイヤモンドの取引にしか従事できなかったからである。

大航海時代に、ヨーロッパ人は世界のあちこちに出かけていった。より正確にいうなら、すでに述べたように、キリスト教徒だけではなくユダヤ人もアジアや新世界に移住したり、アジアと取引していたのである。その代表はイベリア系ユダヤ人セファルディムであり、彼らはアジアや新世界に移住した。それに対し東欧系ユダヤ人のアシュケナジムは、アジアとの取引に従事したものの、おそらくはアジアに移住することはほとんどなかったであろう。

アシュケナジムは、ハザールという国を起源とすると漠然と主張されてきた。しかしそれは、これといった根拠がある主張ではなく現在では否定された学説である。

アシュケナジムの起源については諸説があり、ミトコンドリアDNAの分析までなされているにもかかわらず、現在もなお謎である。確実なことは、東欧系のユダヤ人であったことくらいである。

アシュケナジムに属する有名なユダヤ人の一家として、ロスチャイルド家がある。彼らが本格的なヨーロッパのビジネスに参加するのは19世紀のことであった。このときには、セファルディムではなくアシュケナジムが、ヨーロッパのビジネス界におけるユダヤ人の代表的存在になっていた。

ヨーロッパ人がインドから輸入する商品としてダイヤモンドがあるとすれば、その対価としてインドに輸出する商品は、地中海産のサンゴであった。したがって、インドとの取引には必然的に地中海が関係し、それにイベリア系ユダヤ人セファルディムが参画していたのである。

17世紀以降インド洋でのヨーロッパの貿易が増加したので、地中海のサンゴの重要性が高まっていった。そもそもヨーロッパからアジアに輸出できる商品はほとんどなく、そのなかで赤サンゴの需要はきわめて高かった。サンゴはインドでの需要が高く、価格は上昇していった。この貿易に積極的に参画したのは、セファルディムであった。

セファルディムからアシュケナジムへ

最初にアムステルダムに一定数で居住するようになったユダヤ人は、セファルディムであったと考えられる。しかし、16世紀から17世紀にかけて増加したアムステルダムのセファルディムの数も減少し、それに対して上昇したのは、アシュケナジムであった。

17世紀のアムステルダムで「ユダヤ人」といえばセファルディムであったが、18世紀にはアシュケナジムへと替わる。それは、表4―1にも示されている。

表4―1以外の統計を見ると、アムステルダム在住のアシュケナジムは１７１５年に４３００人であったが、１７３０年には１万３２００人になった。その数はセファルディムの数倍であったとされる。アムステルダムにおいて、「ユダヤ人」とは基本的にアシュケナジムを意味するようになったのである。ヨーロッパ全体を見ても、地域により差はあるにせよ、ユダヤ人の中核はセファルディムからアシュケナジムへと変化していった。

アシュケナジムとセファルディムの関係は、少なくとも良好とはいえなかった。アシュケナジムは東欧系のイーディッシュ語を話したのに対し、セファルディムはヘブライ語を使用し、ポルトガル語を話すことが多かった。

インド人のダイヤモンド商人は通常、為替ではなく、現金での支払いを要求した。それは宝石が信用で売られたとしても、購入者は支払いの日付以前にそれを現金化することは期待できなかったからである。

アムステルダムと同様、ロンドンでもダイヤモンド貿易におけるアシュケナジムの重要性は増大していった。それはダイヤモンド貿易に反映されている。18世紀前半は、ダイヤモンド貿易はもっぱらセファルディムに委ねられていた。それに対しオランダやドイツからイギリスに来たアシュケナジムは、海外からノーカットダイヤモンドを輸入するのではなく、市《いち》でダイヤ

表4-1　アムステルダムにおけるユダヤ人の人口

（単位：人）

年	セファルディム	アシュケナジム
1609	200	
1630	1,000	
1655	1,800	
1674	2,500	500
1720		9,000
1748	3,000	10,000
1789	3,000	19,000

出典：H. I. Bloom, *Economic activities of the Jews of Amsterdam in the Seventeenth and eighteenth centuries*, New York and London: Kennikat Press, 1937

モンドの最終製品を売買し、宮廷に供給していた。

しかしその後、アシュケナジムは、インドとの直接の貿易に参画するようになった。１７４０年代になると、かなり多くのアシュケナジムが、インドとのダイヤモンド貿易に加わるようになった。

ところが、サンゴ貿易に参画するアシュケナジムは少なかった。セファルディムとは異なり、彼らはリヴォルノとのコネクションはなかった。それは、アシュケナジムにとって、大きな弱点となった。セファルディムほど広域におよぶ商業ネットワークはもってはいなかったのだ。

アシュケナジムは、その弱点をさまざまな方法を用いて克服しようとした。たとえば、サンゴの委託輸送に参加したアシュケナジムもいた。

アシュケナジムはまた、ダイヤモンドの購入手段として、積荷冒険貸借というシステムを発展させた。このシステムは、船主または荷主が船舶または積荷を担保に資金を借り入れ、船舶または積荷が安全に目的地に到着した場合には利息をつけて借入金を返済するが、航海が無事に完了しなかった場合には元本、利息ともに返済義務を免れるという契約である。この方法を用いて、アシュケナジムはダイヤモンドの取引を増やしていったのである。

セファルディムとは異なり、アシュケナジムは、ダイヤモンドとサンゴを交換しなくても貿易する方法を考案したのである。それは、よりフレキシブルにダイヤモンド貿易に参加する方法を現実化した。

そして、インドからのダイヤモンド輸入において、アシュケナジムとセファルディムが協力関係になることはほとんどなかった。彼らは、別々の道を歩んだのである。

１７５０年頃までは、セファルディムの方がアシュケナジムよりも、ダイヤモンド貿易で優勢を占めていたが、次第にアシュケナジムの勢力が強まり、18世紀末にはアシュケナジムがダイヤモンド貿易を担うようになっていった。18世紀中頃のロンドンでは、ダイヤモンドを扱うユダヤ人としてはセファルディムが圧倒的であったが、それから50年経つと、アシュケナジムが中核になり、セファルディムの勢力が衰退していったのである。19世紀になると、ヨーロッパ経済におけるアシュケナジムのプレゼンスはさらに上昇し、金融界に大きな影響力をおよぼすことになった。

１８８８年に南アフリカのセシル・ローズが創業したデビアス社は、ユダヤ系財閥であるロスチャイルド家の資本を後ろ盾としており、南アフリカのダイヤモンド鉱山を次々に傘下に収め、世界のダイヤモンド原石を集約することに成功した。ロスチャイルド家、そしてアシュケナジムは、イギリスの帝国主義政策との関係をもっていたのである。セファルディムからアシュケナジムへの転換は、スペインやポルトガルからイギリスへと、海外進出をするヨーロッパの中心国が変化したことを意味した。

ヨーロッパの帝国主義的拡大とディアスポラの民

ヨーロッパ諸国は、自国民の力だけで対外進出をしたわけではない。ヨーロッパ内部で国境を越えた商人のネットワークを必要としていた以上に、ヨーロッパ外世界では、ディアスポラの民の力を必要とした。彼らがいなければ多数の地域と商業取引をすることはできず、結果的にヨーロッパ諸国、とくにイギリスは帝国の拡大に勝利することはできなかったのであろう。

18世紀になるとアジアやアメリカ世界——とくに後者——で、ヨーロッパはいくつもの戦争を戦った。そのコストを負担したのは、本国の人々であった。それが、ヨーロッパの財政史研究から導き出される結論である。だがその一方で、アジアやアメリカとの取引で、ヨーロッパ諸国が、あるいはヨーロッパ商人がどれほどの利益をえたのかは正確にはわからない。しかし、そのような利益が少なかったとすれば、ヨーロッパ人が海外に出ていって、商業に従事するメリットがないのである。

ヨーロッパ諸国の帝国主義的拡張は、ディアスポラの民によっても支えられていた。彼らとの協力関係を考えない、ヨーロッパの帝国主義的拡大は考えられない。彼らは、ヨーロッパがソフトパワーにより、世界を征服していった時代のエージェントともいうべき人々であった。近代世界システムの形成において、ヨーロッパ諸国は、ディアスポラの民を利用した。そうすることで、ヨーロッパのネットワークを世界中に拡大し、他の経済圏を組み込むことに成功した。

ヨーロッパがディアスポラの民をあまり必要としなくなったのは、蒸気船と鉄道が発展したからである。それらは、電信とともに、イギリスのヘゲモニーに寄与した。

第5章

手数料と電信の世界帝国

ヨーロッパ世界の拡大と大英帝国

ヨーロッパは、長い時間をかけて、アジアやアフリカ、さらにはオーストラリアなどを植民地化していった。ヨーロッパの対外的拡張については、図５-１・２・３に描かれている。

図５-１には、ヨーロッパの拡大を中心とした１７００年頃の世界が描かれている。１７００年頃の時点では、ヨーロッパの勢力範囲はまだ小さい。アメリカ大陸に、わずかの植民地をもっているだけである。

図５-２からわかるように１８００年頃になると、アメリカ大陸は合衆国を除き、ほぼヨーロッパ諸国の植民地となっている。アメリカ合衆国の独立宣言は１７７６年に出されたのだから、アメリカ大陸の大半は、１８００年の少し前まで、ヨーロッパの植民地だったのである。図５-３に示されているように、第一次世界大戦頃になると、アジアの多くも、ヨーロッパの植民地になっている。このようにヨーロッパが支配する範囲は、19世紀に大きく拡大したのである。

ヨーロッパがこのように拡大できたのは、蒸気船による定期航路が発展したからである。イギリスからアジア、さらにはオーストラリアやニュージーランドへの定期航路ができた。帆船であれば、オーストラリアやニュージーランドへの定期航路は存在しなかったであろう。

図5-1　1700年頃の世界　ヨーロッパおよびその植民地

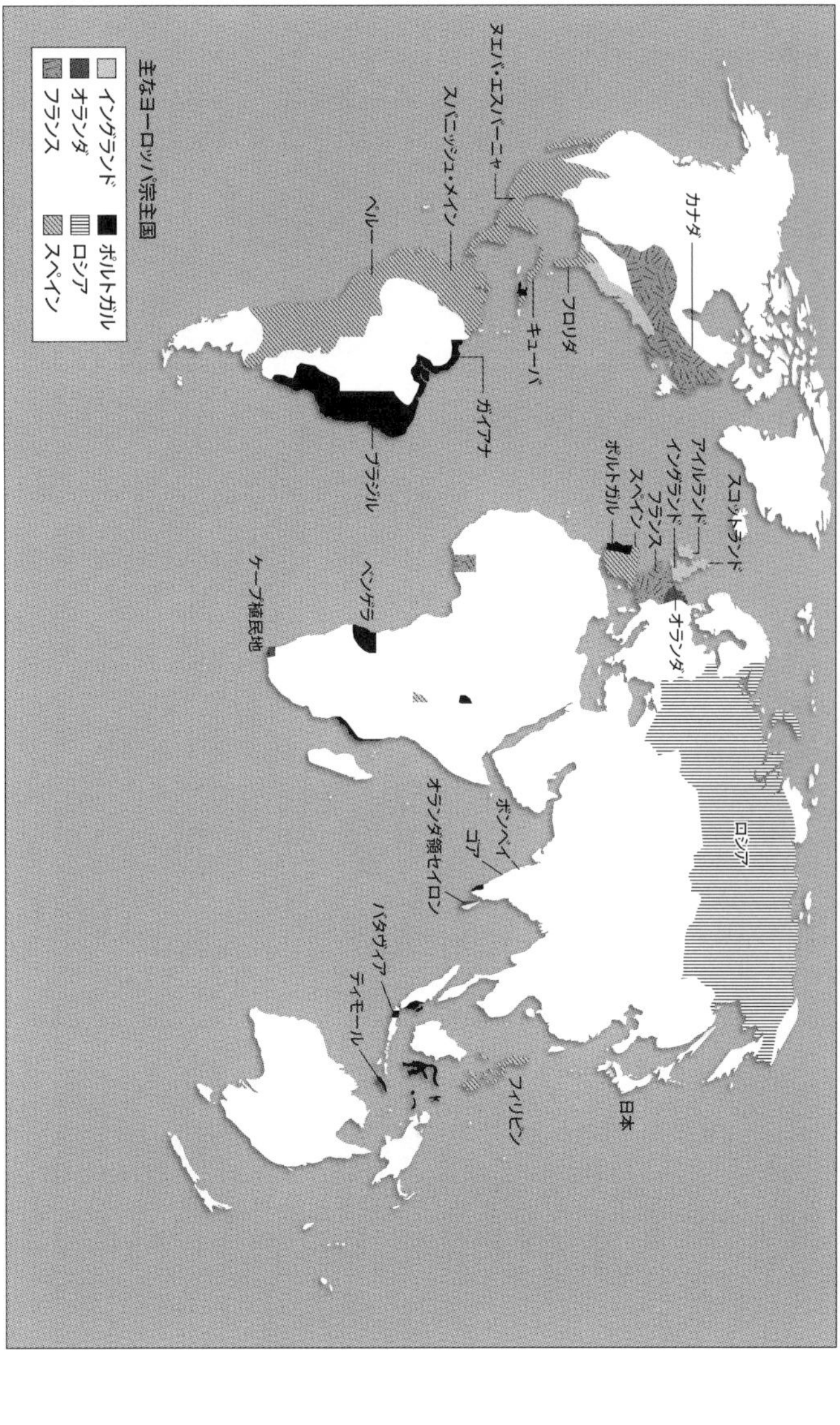

図5-2　1800年頃の植民地　本国を含む

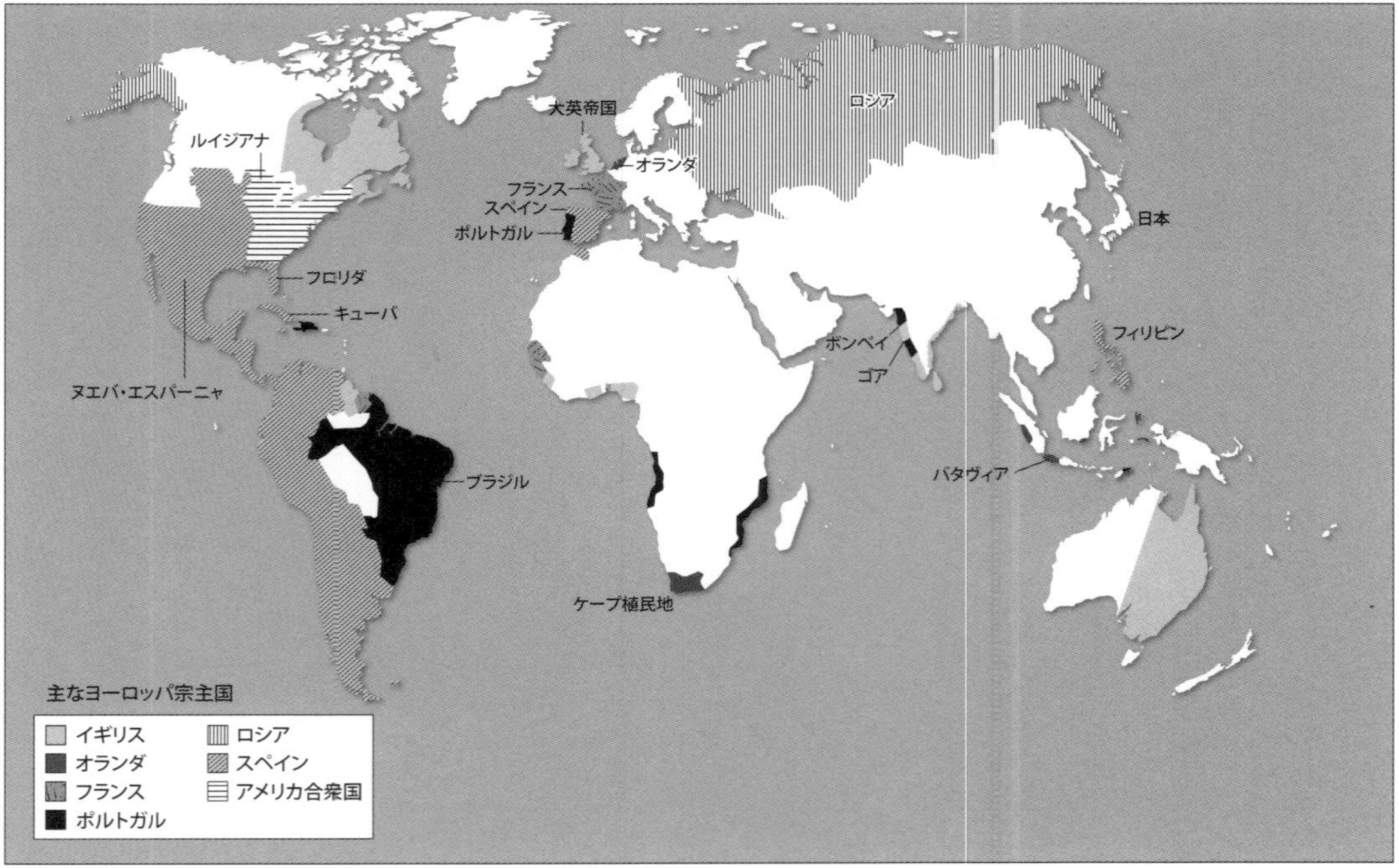

図5-3　第一次世界大戦勃発時の地図

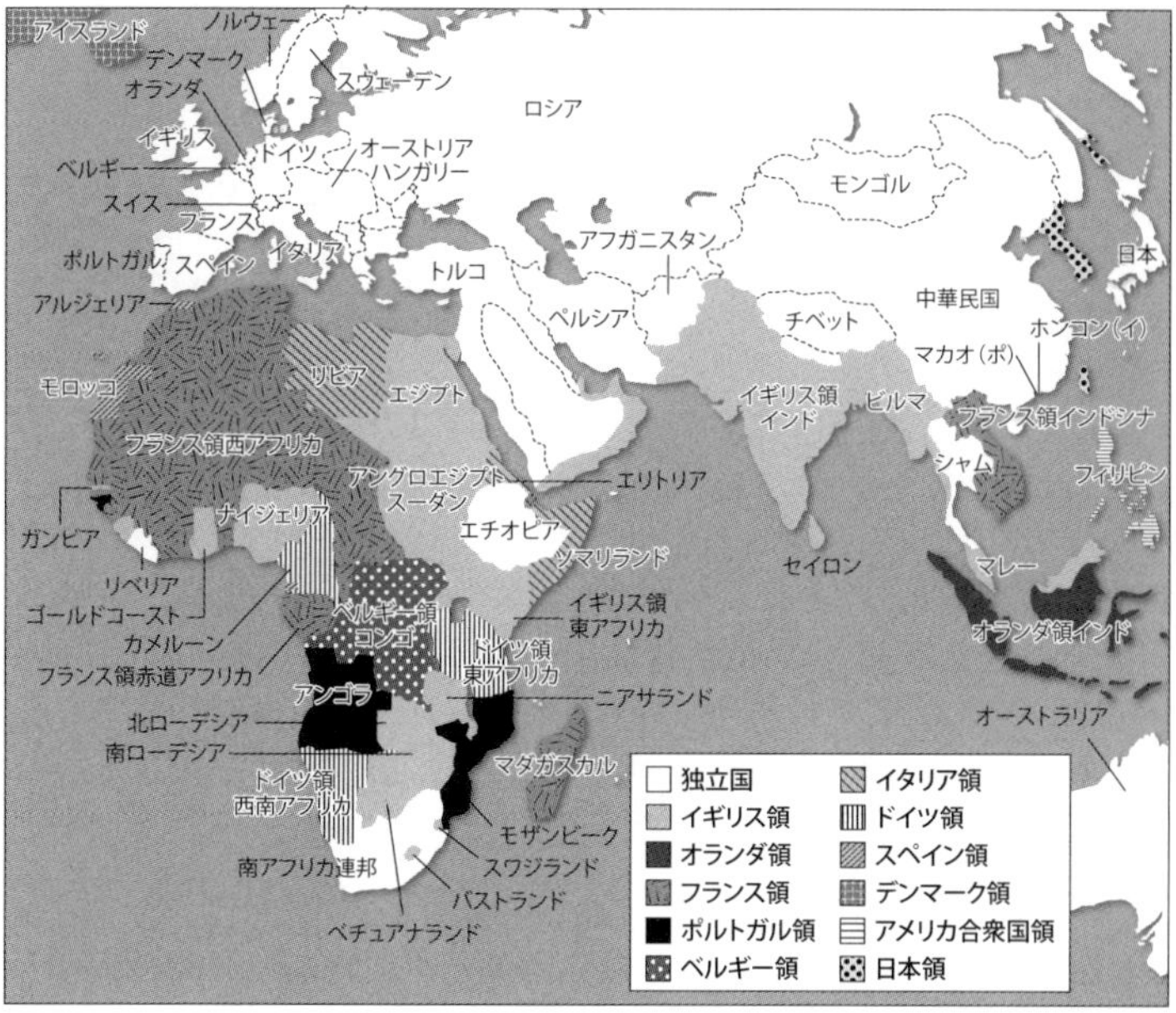

さらに、中国の上海にまで、イギリス船が定期的に到着することもなかったかもしれない。

東南アジアではジャンク船という帆船が活躍していたといわれるが、ジャンク船は蒸気船よりも、風により航海日数が大きく左右される。たとえあまり遠い距離ではなくても、蒸気船を使用した方が確実に予定どおりに目的地に到着できる可能性は高く、アジアの海運業に革命的影響をもたらしたのは、蒸気船であった。

蒸気船により、世界は大きく縮まることになった。そして、その中心となったのはイギリスであった。イギリスは世界史上最大の帝国を有し、それを防衛するために多数の艦隊が必要であった。

大英帝国の形成には、巨額の資金が必要であった。むろん、多額の戦費が含まれた。戦争を遂行するため、イギリスは多額の国債を発行したのである。それはある程度、どの国にも当てはまる。しかしイギリスの財政的負担は、他国と比較すると圧倒的に大きかったはずである。

18世紀の国債発行

第２章で、イギリスが借金をしながら重商主義戦争を戦っていったことを論じた。そのため、国債発行額は大きく増加したことも述べた。本章では、それがどれほど巨額であったのかを、まずＧＤＰとの比率から見ていくことにしよう。

図５―４は、１７００～１８０２年における、イギリスの公債発行額の対ＧＤＰ比をあらわしたグラフである。このグラフから明らかなように、18世紀を通じて、公債発行額の対ＧＤＰ比は、一時的に低下することはあるものの、着実に増加している。

１７４０年代にはオーストリア継承戦争（１７４０～１７４８）のために、１７６０年代には七年戦争（１７５６～１７６３）のために、１７８０年代にはアメリカ独立戦争（１７７５～１７８３）のために、そして18世紀末から19世紀初頭にかけてはフランス革命戦争のために、公

図5-4　イギリス公債発行額の対GDP比　1700-1802年

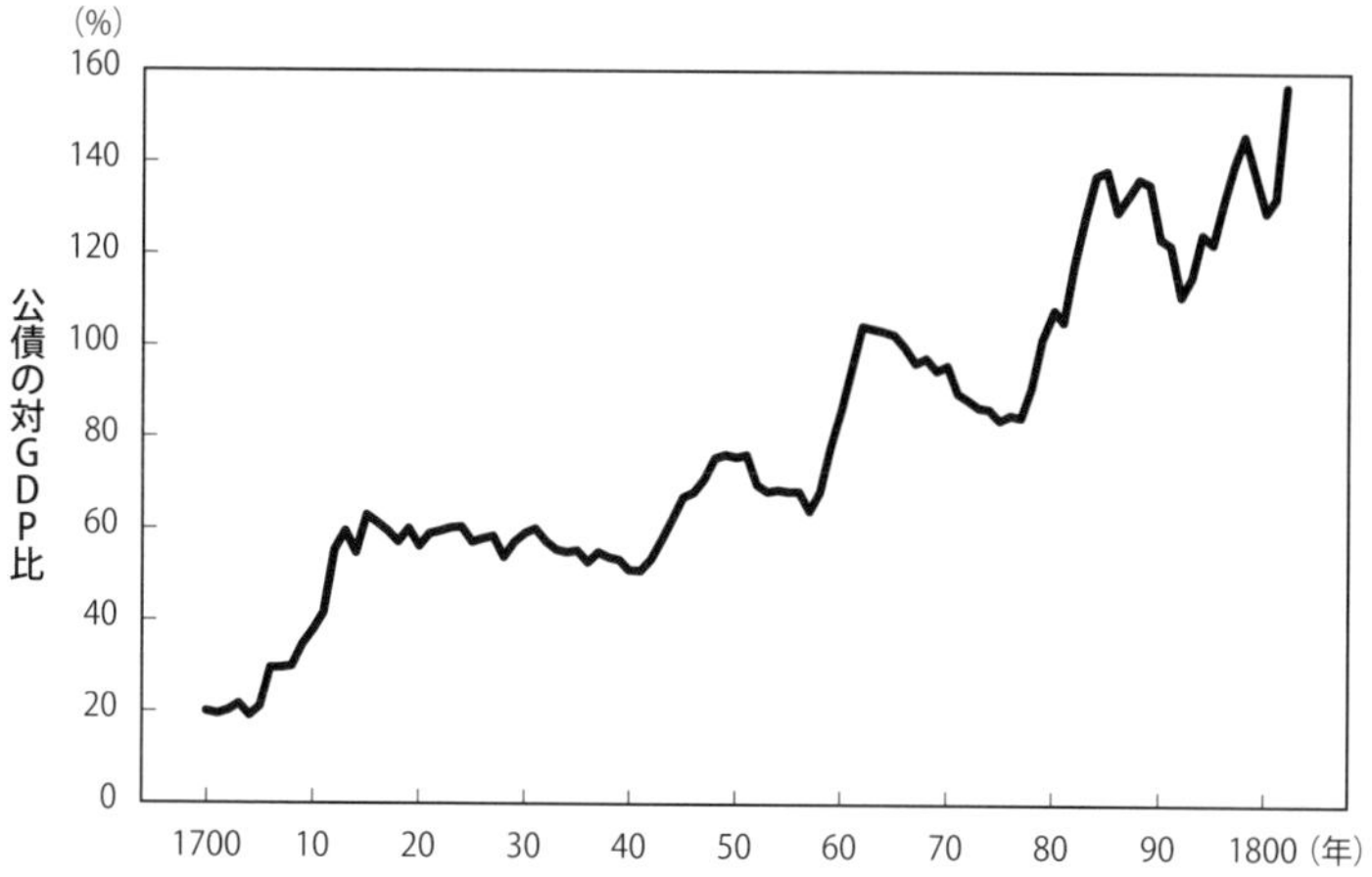

出典：Jeremy Hutton, “War and debt: three centuries of borrowing in Britain”, Tax Payers' Alliance, APR 28, 2020, p.2をもとに作成

債発行額の対ＧＤＰ比は上昇している。戦後にはたしかに低下するが、絶え間ない戦乱のために、この比率は上昇し続けることになった。イギリスの対外進出は、このように経済には大きな負担となったことがわかる。

図５−５は、１８０３〜１９０２年における、イギリスの公債発行額の対ＧＤＰ比を示したものである。フランス革命・ナポレオン戦争のために１８２０年頃まではこの比率は上昇するが、19世紀を通じて低下する。この時代には、イギリスは大規模な戦争は経験しておらず、イギリス政府は借金を返済することができた。

19世紀のイギリスは、産業革命により綿生産量を増加させたばかりか、海運業、サービス業、金融業の発達により、経済を

図5–5　イギリス公債発行額の対GDP比　1803–1902年

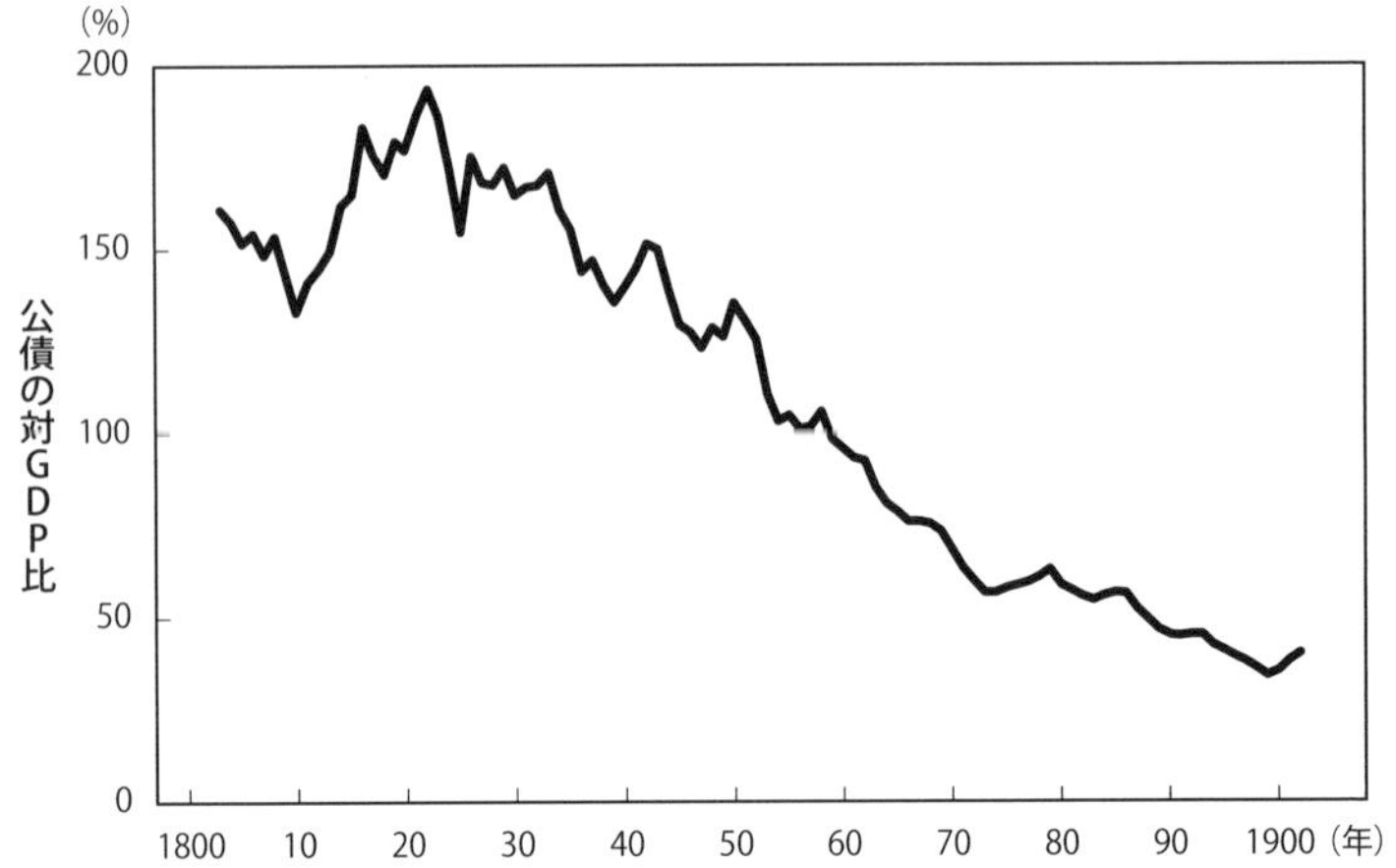

出典：Ibid., p.3をもとに作成

成長させた。この時代に公債発行額の対ＧＤＰ比を低下させられたのは、イギリスの経済成長のためであった。

図５－６を見ると、２回の世界大戦で公債発行額が大きく増加したことがわかる。１９１８～１９２０年のスペイン風邪流行の影響はあったかもしれないが、第一次世界大戦およびその直後の時期であったために、その影響がどの程度強かったのかはわからない。

両大戦間においては、公債発行額の対ＧＤＰ比にあまり変化は見られず、低下してはいないのが大きな特徴である。これは、１９２９年にはじまった世界恐慌の影響だと考えるのが妥当であろう。

第二次世界大戦の借金が非常に大きかったので公債発行額の対ＧＤＰ比は２５０パーセント近くになる。だがその後、１９９０年頃

図5-6　イギリス公債発行額の対GDP比　1903-2021年

出典：Ibid., p.4をもとに作成

までは大きく下がっている。これは何よりも、戦後の経済成長率が高く、公債の償還が容易であったためであろう。１９５０～１９７０年のイギリスの年平均経済成長率は２・７パーセントであり、それまでの最高を記録した。ただし、他国と比較するとかなり低く、先進国でイギリスよりも経済成長率が低いのは、アメリカしかなかった。アメリカはもともとのＧＤＰが大きかったのだから経済成長率が低いのもむしろ当たり前であり、西欧で経済成長率がもっとも高かった西ドイツの６・１パーセントと比較するなら、その低さが目立つ。日本は高度経済成長期に年率10パーセントを超える成長率を記録していたのだから、イギリスはかなり低いといわざるをえない。

１９８０年頃から１９９０年頃にかけての

公債発行額の低下は、サッチャーの改革が影響しているものと思われる。だが、21世紀になると上昇傾向が見られるのが気がかりである。社会保障費はなかなか削減できない。高齢化社会になると、その傾向は顕著になる。さらに最近、ＣＯＶＩＤ－19という疫病の流行への対策を講じるために、どの国でも公債発行額が急上昇した。戦争がなくても公債発行額が急速に増加するということは、世界的におそらく21世紀に初めて見られた現象であり、それが何を意味するのかということは、終章で述べることにしたい。

本章では、公債発行額の対ＧＤＰ比が順調に低下していた19世紀のイギリスについて論じる。この時代に大英帝国は大きく拡大し、世界の陸上面積の25パーセントを占めるまでに至った。そのイギリスの財政構造を見ていくには、イギリス本国だけではなく、大英帝国と本国との関係まで含めて見ていく必要がある。さらにこの時代のイギリスの金融システムが、21世紀の現在にどのような影響をおよぼしているのかということも見ていきたい。

19世紀の国債

国債の歴史に関しては、邦語文献に関するかぎり、富田俊基『国債の歴史——金利に凝縮された過去と未来』（東洋経済新報社、２００６）に匹敵する書物はない。同書から19世紀のイギリスが、どのようにして国債の実質的負担を減らしていったのかがよく理解できる。まずは、富田の発言を見ていこう。

ここでは、１７５１年を起源とするコンソル公債を取り上げてみよう。富田によれば、コンソル公債はイギリス国債のなかで次第に重要な地位を占め、アメリカ独立戦争が終わる頃までには中心となった。そしてナポレオン戦争の資金調達においても、重要な役割を果たした。

コンソル公債が他の公債と明確に異なる点は、他の公債は発行するたびに銘柄が増えるのに対し、コンソル公債は新たに発行されても、それ以前の公債と統合されるのである。また19世紀イギリスの国債残高（国債発行総額）のほとんどは、１８４４年には三つのコンソル公債に統合され、３パーセントないし３・５パーセントの金利であった。

１８２０〜１８６０年のロンドン金融市場では、国債の取引にかかわる税金はすべて免除され、そのため国債の取引が活発になっていった。とくにコンソル公債の取引にかかる税金は低く、０・１２５パーセントであったとされる。

１８１５年以降コンソル公債の利率は安定し、１８２１年５月から１９１４年７月の期間のほとんどでコンソル公債の金本位制がおこなわれており、コンソル公債が金価格表示であったことからも、その安定度は非常に高かった。コンソル公債の価格が前月比で10パーセント以上変動したことは、この間には一度もなかったのである。

１８３０年代になると軍事費が増大し、１８４２年にはピール首相が臨時税として所得税を導入した。所得税がかけられる人々の所得は、当時の平均年収30ポンドよりはるかに高い

150ポンドに設定された。当初は3年間で廃止される予定であったが、二度にわたって延長されることになる。

クリミア戦争（1853〜1856）のために、イギリスは国債を発行した。しかしクリミア戦争終了後も軍事費は高く、蔵相のグラッドストンは1861年、所得税を恒久化することになった。

1860年代半ばに、イギリスの国債政策は国債の償還を進めて、残高の削減をはかる方向へと大きな変化を遂げた。これ以降、ボーア戦争（1899〜1902）を除いて国債発行残高は一貫して低下していった。またグラッドストンは、コンソル公債を償還年限の定まった国債へと転換した。

1875年には、ノースコート蔵相が毎年一定額の国債費を予算に計上し、そのうち国債利子と事務費に必要な部分以外を国債の償却にあてる減債基金を創始した。1875年から1898年までは、財政収支も黒字となった。

イギリスの国債の金利は、1866年から長期間にわたり低下を続け、1897年までの約30年間は低金利時代を迎えた。大不況といわれた1873〜1896年のあいだも、イギリスの実質経済成長率は増加した。1888年には3種類あった国債を一つの新しいコンソル公債に統合し、国債の市場流動性が高まった。

また坂本優一郎によれば、19世紀を通じてイギリス「投資社会」は発展を遂げた。各種証券の中心にあったのは、イギリスの公債であった。コンソル公債への信任に示されているように、イギリスの公信用は世界の信用体系の中心に位置した。

イギリスがヘゲモニー国家であった以上、イギリスが発行する公債の信用度が高かったのは当然のことである。だがそこには、実質的な利率をできるだけ下げようという政府の意思も働いていた。19世紀のイギリスの経済成長率の推計は困難だが、おおむね１～２・５パーセント程度であったと思われる。経済成長率の高さ（あくまでもこれ以前と比較して）と公債の実質利率の引き下げにより、公債発行額の対ＧＤＰ比は低下した。しかしそれは、第一次世界大戦によって、崩壊させられてしまったのである。

実際、イギリスの国債発行残高は、１８１８年には８億４０００万ポンドであったが、第一次世界大戦の１９２３年には、77億ポンドと大幅に上昇した。19世紀のあいだにせっかく大幅に削減した公債発行額の対ＧＤＰ比は、急上昇する結果となった。

インドの重要性

19世紀のイギリスは植民地を次々に獲得していったわけだが、そのなかでもっとも重要なのはインドであった。金子勝の研究によれば、１７８４年のインド法によって、東インド会社には商業活動だけではなく、インド統治を本国から統制する監督局がおかれるようになった。東インド会社は、明確に統治機構としての色彩を帯びるようになってきたのである。インドではイギリスの国家負担なくイギリス軍を拡大して、アジアにおけるイギリスの国益を追求することができるようになった。

１８４６年のイギリスにおける財政支出を見ると、全額で２８６５万１４７６ポンドのうち、２７１２万６３０ポンドがインドの支出であるので、94・7パーセントを占めている。

インド財政の経費構成は、イギリスに義務的に送る本国費の占める比率が高く、19世紀中頃においては12パーセントを超える。また、イギリス本国は外見上「安価な」政府を標榜していたが、植民地の財政規模を増大させ、そのために生じる赤字は本国では負担せず、植民地当局の公債で賄っていたのである。したがって、19世紀イギリスの公債発行額の対ＧＤＰ比が低くなったのは、それが理由の一つであろう。

しかも19世紀前半のイギリスによるインドへの侵攻は、インド兵を中心としてなされたのである。イギリスはインド人同士を戦わせることにより、インドを征服するようになっていったのである。

インドが本国に送る本国費は、だんだんと増えていった。１８３４〜１８５６年の本国費は年平均３３０万ポンドであったのが、１９１４〜１９２０年には２４００万ポンドに、１９２１〜１９２４年には３０７０万ポンドになった。ここからも、イギリスがインドからどれほど収奪していたのかがわかるであろう。

大英帝国を維持するには、非常に巨額の費用が必要であった。それは、インドからの本国費があったからこそ可能だったと考えられる。

カリブ海諸島と砂糖

18世紀は、大西洋経済が大きく拡大した時代であった。それは西アフリカから黒人奴隷が新世界に輸送され、彼らがプランテーションでサトウキビを栽培し、輸出され、最終的にはヨーロッパで完成品の砂糖になるという形態をとった。砂糖生産量がもっとも多かったのはブラジルであった。カリブ海諸島は宗主国がいくつかの国に分かれていたので、それぞれの国の植民地の砂糖生産量を合わせても、おそらくブラジルよりも少なかった。

イギリス史家として非常に著名な川北稔によれば、近世のイギリスの重商主義帝国においては、本国を別にすれば西インド諸島が経済の核をなしていた。西インド産の砂糖こそ、イギリス経済がもっとも必要とした物資であった。イギリスだけではなく、フランスでも西インド諸島のサン・ドマングの砂糖の重要性は計り知れない。

イギリスが輸入した砂糖の多くは国内で消費され、消費生活のパターンが大きく変化する「生活革命」がおこった。ここに、イギリスの消費社会が誕生したのである。生活水準の上昇を明確に示す指標として、砂糖消費量の増大があった。イギリス人の生活水準が上昇し、ミドルクラスの人々が増大した。

1776年にアメリカがイギリスから独立し、イギリスは北米大陸の13植民地を失った。だが、それは、政治的損失ではあっても、経済的損失ではなかった。イギリス経済にとって、新世界で重要な経済地域といえば西インド諸島であり、北米大陸ではなかったからである。

ナポレオン戦争が終わると、ヨーロッパ諸国のカリブ海諸島に対する関心は低下した。他地域に帝国主義的進出をしようと考えるようになったからである。

1830年から1840年にかけて砂糖価格が上昇し、そのため輸出量が低下したが、1840年代になると、砂糖の輸出額は増大した。それは年間約2・8パーセントの上昇率で、約30年間続いた。輸出量は、1890年にピークに達した。

19世紀中頃になると、スペインの植民地であったキューバがカリブ海諸島の砂糖総輸出額の約半分を占めることになった。したがってキューバの輸出動向は、カリブ海諸島のそれを大きく左右することになった。

しかし一方で、カリブ海諸島からの輸出品に占める砂糖の重要性は低下していった。1820年には50パーセント強になり、1870〜1890年のピーク時には70パーセントほどになった。だが、19世紀が終わる頃には大きく低下し、三分の一程度になった。

19世紀末には、カリブ海諸島からの輸出先としてはアメリカの比率が急激に増加する。1890年代になるとアメリカの比率が落ちたといわれるが、それでもカリブ海諸島からの輸出の半分はアメリカであった。それに対し、(旧)宗主国との関係は弱まっていった。

カリブ海諸島とタックスヘイブン

アメリカの大統領モンローは、１８２３年にモンロー教書を発表し、ウィーン体制下のヨーロッパ諸国がアメリカ大陸に干渉することを排除して、アメリカは孤立主義の外交原則を表明した。逆にいうと、新世界の利権はアメリカの手中にあると宣言したのであり、カリブ海諸島におけるアメリカの地位の上昇は、それを反映するものと思われる。キューバの砂糖の多くは、アメリカ船によって輸送されたのであり、アメリカはイギリスに次ぐ世界第2位の海運国家としての地位を確保していったのである。

サトウキビが栽培される島は、比較的大きな島である。だが、カリブ海諸島には多数の小さな島々があり、それらはサトウキビ栽培には適さない。そのため、少なくともそのような小さな島々のなかには、密輸基地として使用されたものが多かったと推測される。ケイマン諸島や、イギリス領ヴァージン諸島（ＢＶＩ）がそのような島々である。しかもこれらは、現在ではタックスヘイブンとして知られる。これはいったい、何を意味するのだろうか。

近世のヨーロッパでは、密輸という形態をとって租税回避行動をおこなった。そのときに密輸基地であったところが、タックスヘイブンに変化したと考えられる。タックスヘイブンはまた、イギリスの王室属領と関係している。ケイマン諸島やBVIは、王室属領である。

王室属領とは、イギリスには含まれず、イギリスの国王（the Crown）に属し、高度な自治権をもった地域を指す。内政に関してはイギリス議会の支配を受けず、独自の議会と政府をもっており、しかも海外領土や植民地と異なり高度の自治権を有している地域である。そのうえ、EUにも加盟していない。そのためイギリスの法律や税制だけではなく、EUの共通政策さえ適用されないのである。ただし、外交と国防に関してはイギリス政府に委任しており、主権国家とはいえない。法的にいわばグレーな地域であり、タックスヘイブンに適した地域といえよう。

19世紀の大英帝国は、金融の帝国であった。イギリスは世界の陸地の25パーセントを所有していたのだから、イギリスの金融力の影響が世界中におよぶのは当然のことであった。しかもそれは、現在もなお強いのである。

19世紀のグローバリゼーションとイギリス

現在しばしば耳にするグローバルヒストリーは、文字どおり「世界を一つのもの」としてとらえることを大きな目標の一つとしている。したがってグローバルヒストリアンにとって、常に「世界の一体化」という意味でのグローバリゼーションがいつ、どのようにして開始したのかという問いは、非常に重要な問いとなるはずである。

そして、もし広域ではなく、地球全体が一つになるという意味でのグローバリゼーションがいつおこったのかという問いを立てるなら、それは19世紀に生じたという回答が導き出されるはずである。

19世紀のグローバリゼーションに関して、世界でもっとも影響力のある書物は、おそらく『グローバリゼーションと歴史』である。同書は、さまざまな本や論文で引用されている。同書を著したオルークとウィリアムソンによれば、さまざまな商品の価格が収斂していくという意味での世界の一体化は、１８２０年代にはじまった。価格差がなくなるということは、輸送コストが大きく低下し、同じ商品であれば世界各地でほぼ同一の価格で売られるようになったということなのである。

彼らの考えでは、19世紀後半に、商品と生産要素（労働・土地・資本）の市場が、全世界で統合された。世界市場と無関係な場所は、第一次世界大戦がはじまるときには、ほとんどなくなっていた。世界経済が一体化（convergence）していったのである。

その大きな要因は、貿易と大量の移民にあったと彼らは主張する。開放経済が、世界の一体化の原因であった。たとえば、実質賃金の相違は１８７３～１９１４年に世界中で大きく縮小した。

１８６９年には、スエズ運河が開通する。ヨーロッパとアジアとの距離は大きく縮まった。

帆船から蒸気船へと移動手段が変化し、蒸気エンジンの改良など、輸送効率を上昇させる方法が導入された。その結果、1857年に57パーセントあったリヴァプール（イギリス）―ボンベイ（インド）間の綿の価格差は、1913年には30パーセントへと縮まった。そして、同期間のロンドン―カルカッタ（現・コルカタ）間のジュートの価格差は、30〜40パーセントにまで縮まった。

彼らの主張によれば、世界経済が一体化したのはこの時代の世界経済をリードしていたイギリスが、自由主義経済体制をとったからである。さらに、蒸気船や鉄道の発達により、輸送コストは著しく下がった。それに加え、労働者がたやすく世界を移動することができるようになった。それも蒸気船と鉄道の発展のおかげであった。鉄道は1890〜1910年に、急速に敷設マイル数を増やした。19世紀は、蒸気船、鉄道に代表される「蒸気の時代」と言い換えることもできよう。

資本もまた、そのフローを増加させた。貧しい国に対して巨額の投資がなされた。その理由として彼らがあげるのは、もし生産関数がどこでも同じであり、資本と労働だけが生産に投入されるなら、投下資本への収益率は豊かな国よりも貧しい国の方が高くなるということなのである。

ここで述べられたことは、19世紀にグローバリゼーションを実現できたのは、大英帝国の力が強かったからだ、ということであろう。

したがって、オルークとウィリアムソンの主張をそのまま受け入れるなら、「一体化する世界」とは、基本的にイギリス人が築き上げた世界だということになる。それは、この時代に、イギリスがヘゲモニー国家であったことを物語る。その支柱の一つに、海運業があったわけだ。

大きく縮まった世界

表5－1は、ブラジル（リオデジャネイロ）――イギリス（ファルマス／サザンプトン）間での情報伝達のスピードの変化を示す。航海時間が最初に大きく減少したのは、1850年のことであった。興味深いのは、汽船ではなく帆船によってそれが可能になったことである。航海日数が、10日間短縮している。帆船においても、船舶がある港に到着して次の船舶へと貨物を渡すまでの期間が短縮されれば、情報伝達の時間は短くなることが、ここでは明確に示されている。

歴史家は、技術革新（テクノロジー・イノヴェーション）による経済成長に、これまで大きな関心を寄せてきた。しかしその一方で、ここで述べたタイプの改善（プロセス・イノヴェーション）による経済成長にはあまり関心を寄せてはこなかった。しかし、これはプロセス・イノヴェーションが、経済成長に大きく寄与した事例である。

1851年になると、さらに大きな変化が訪れる。それは、帆船から蒸気船に替わったからである。リオデジャネイロからファルマスまで郵便帆船が航海するのに従来は42日間必要だっ

表5-1　ブラジル（リオデジャネイロ）―イギリス（ファルマス／サザンプトン）間の帆船・蒸気船・電信による情報伝達の日数

年	情報伝達の手段	情報伝達の日数　年平均
1820	ファルマスへの郵便用帆船	62.2 日間
1850	ファルマスへの郵便用帆船	51.9 日間
1851	ロイヤルメール　蒸気船	29.7 日間
1859	ロイヤルメール　蒸気船	25.2 日間
1872	ロイヤルメール　蒸気船	22.0 日間
1872	イギリスからリスボンへの電信と リオデジャネイロへの蒸気船	～ 18 日間
1875	電信	～ 1 日間

出典：S・R・ラークソ著、玉木俊明訳『情報の世界史――外国との事業情報の伝達 1815–1875』知泉書館、2014年、表63をもとに作成。～は、推測

たのに対し、蒸気船であれば、30日間さえ必要ではなくなった。日数だけで計算するなら、これはイギリスにより1875年に海底ケーブルが敷設されたとき以上の突然の変化であった。さらに、電信の誕生により情報伝達の日数は、たった1日間にまで短縮された。電信のインパクトは、まさに恐るべきものであった。

帆船から蒸気船になり、やがて電信へと通信手段が変化することにより、情報伝達のスピードは大きく改善されたことがここに示されている。

これが世界全体の傾向をどの程度示すのかは不明であるが、帆船から汽船、そして電信による情報伝達のスピードアップを、かなりの程度浮き彫りにしていることは間違いない。そして、イギリスがその担い手であったことにも、疑いの余地はない。

蒸気船の発達

フィンランド人の海事史の泰斗イルヨ・カウキアイネンによれば、18世紀において、船舶はほとんどスピードアップしなかった。その状況が大きく変わったのは、19世紀のことであった。その要因としてもっとも大きかったのは、蒸気船の発展である。

そもそも帆船であっても、スピードは十分に速かった。それは、決して蒸気船に劣るものではなかった。蒸気船と帆船の決定的な相違は、航海の確実性にあった。蒸気船は、帆船ほどには風による影響を受けない。蒸気船は予定どおり航海することが、帆船よりもずっと簡単である。そのために船舶のスピードアップが可能になったのである。

蒸気船の発展にもっとも貢献したのは、周知のようにイギリスであった。イギリスは世界中に蒸気船の商船を送った。20世紀初頭においては、世界の船舶のトン数の半分がイギリス船であったとさえいわれている。この数値には蒸気船だけではなく帆船も含まれているが、もっとも多くの蒸気船を所有していたのがイギリスであった。

19世紀後半になると、とりわけ遠洋航海においては、明らかに帆船よりも蒸気船の方がより頻繁に使用されるようになった。イギリスの港を出入りするイギリス船に占める蒸気船の比率は上昇した。１８６０年が30・１パーセント、１８７０年が53・２パーセント、１８８０年が

74・９パーセント、１８９０年が90・８パーセントと急速に上昇したのである。航海に必要な日数は、確実に減少していった。

したがって、オルークとウィリアムソンが主張するように、19世紀のグローバリゼーションの担い手がイギリスであったこともたしかである。

ラテンアメリカとイギリスの関係

次に、ラテンアメリカの事例について言及しよう。ラテンアメリカ諸国のほとんどは、現在もなおスペイン語かポルトガル語が公用語の国である。ブラジルがポルトガル領であった以外は、ほとんどの国がスペイン領であった。

ナポレオン戦争が終結する以前、その輸出品は宗主国であるスペイン、ポルトガルに輸出されていたが、戦後、ロンドンが輸出の中心となり、その次にハンブルクが位置した。宗主国との経済的紐帯が弱まった。そのため、ラテンアメリカ諸国が次々と独立していったのである。ラテンアメリカ諸国は、イギリスの貿易網に組み込まれたのである。

イギリスのラテンアメリカに対する投資額は大きく上昇した。１８２６年が２４５６万４０００ポンド、１８６５年が８０８６万９０００ポンドであり、１８９５年が５億５５２０万５０００ポンド、１９１３年が11億７７４６万２０００ポンドである。

イギリスの投資額としては公債がもっとも多く、ついで鉄道であった。ラテンアメリカの鉄道は、イギリスによって敷設されたといって過言ではない。

ラテンアメリカに対するイギリスの間接投資額も、非常に大きかった。総額は上昇しているものの、その比率は１８６５年には80パーセントだったのが、１９１３年には55パーセントへと低下した。

直接投資額は大きく増加し、１８６５年が１７００万１０００ポンドであったが、１９１３年には5億４６００万４０００ポンドに達する。これは、鉄道への投資の増加が要因であろう。

ラテンアメリカ諸国はたしかに政治的には独立を達成した。しかし、間接投資——主として政府の公債——さらには直接投資——おもに鉄道への投資——を通じて、イギリスへの依存傾向を高めたのである。

アジア域内交易とイギリス

アジア経済史の研究では、１８７０年頃から欧米のインパクトが大きくなり、アジア域内交易が盛んになったという。だが、それはどこまで本当なのだろうか。

中国では、１７５７年から１８４３年の南京条約まで、貿易は広州一港にかぎられていた。けれどもジャンク船は、広州のみならず他の地域で自由に貿易することができた。

アヘン戦争を終結させた１８４２年の南京条約により、中国では広州、福州、厦門、寧波、上海の5港を開港することになり、帆船のジャンク船の使用は減少することになった。

中国は、ヨーロッパ系の蒸気船による大きなインパクトを受けた。むろん、その中心はイギリス船であった。ジャンク船は、一般に蒸気船と比較すると小型であった。しかも帆船であるため、スピードは出たとしても、風による影響を受けやすく、その航行は規則性がない。したがって中国は蒸気船の海運会社を育成しようとしたが、政府による企業経営は非効率的であり、ヨーロッパ系やアメリカ系の海運会社と競争することは難しかった。

さらに、19世紀になると、東アジアと東南アジアにおける中国の商業ネットワークは、イギリスの帝国の枠組みのなかに組み入れられたのである。

すなわち、19世紀、とくに１８７０年代以降、欧米の蒸気船の数がアジアの海で増大し、アジア域内の交易量が増大したのであり、アジアの船は、それと比較して少なかったのである。15世紀以降、ヨーロッパの船はどんどんアジアに進出し、アジア人がもっていた交易ネットワークを欧米人のものにしていった。１８７０年代から太平洋戦争直前までのアジア域内交易の増加は、その最終局面だったと考えられるのである。

イギリスにだけ非公式帝国があった理由

ヨーロッパのいくつかの国が、ヨーロッパ外世界に植民地をもった。そのなかで、圧倒的に植民地が多かったのは、いうまでもなくイギリスである。そのイギリスには、「公式帝国」以外に「非公式帝国」というものが存在した。

非公式帝国とは、植民地ではないが植民地同然の状態におかれた地域をいう。中国やラテンアメリカなどが、非公式帝国に含められる。

このようにイギリスだけが非公式帝国をもてた理由は、基本的に鉄道をはじめとする直接投資額の多さと、海運力にあった。

イギリスとその植民地間はほぼ間違いなくイギリス船で輸送していたが、他国の植民地に関しては、宗主国の船だけではなく、イギリス船も使われていたはずである。すなわち、イギリス船を使用しないかぎり商品を輸送できなかった国が、イギリスの非公式帝国となった。

非公式帝国では、国際的な商品輸送をするのはイギリスであり、鉄道などのインフラストラクチャーの設備投資をするのもイギリスであった。他のヨーロッパ諸国では、そのようなことは不可能でしかなかった。

公式帝国にすると、その国の軍備などの資金をイギリスが負担しなければならなかったかもしれない。したがって非公式帝国は、イギリスの帝国主義的支配のコストを削減する方法として選択したと考えるのが妥当かもしれない。

コミッション・キャピタリズムの世界

日本の歴史学界では、手数料（コミッション、commission）というものは、馴染みがないものである。また、日本の経済史研究では「生産」が重要視されてきた関係で、中間商人は経済的なベネフィットを何も生み出さない人だとみなされてきた。以前よりも生産面が重要視されなくなった現在でも、中間商人や彼らが入手する手数料に関する研究がされることはまずない。

手数料は、目に見えない。そのため、これまでの経済史では、あまり重視されてこなかった。近代世界システムの視点からは、ヘゲモニー国家が築いたプラットフォームを使用することに対し、他国は手数料を支払うのである。

このようなシステムをもっとも完全に近い形で体現したのは、19世紀末のイギリスであった。世界最初の産業革命は18世紀後半にイギリスで生じたが、19世紀末になるとイギリスの工業生産はドイツやアメリカに追いつかれ、やがて追い抜かれた。この頃にイギリスの産業の中心は、工業から金融業に替わったといわれるが、これは各国の経済の関連性を重視しておらず、支持すべき考え方だとは思えない。

貿易収支の点では、イギリスは貿易立国ではなかった。イギリスの貿易収支が黒字であったことは18～19世紀において、ほとんどなかったのである。「世界の工場」といわれ、綿織物工業によって世界最初の工業国家になったイギリスであったが、貿易収支から判断するなら、それはイギリス経済に大きなプラスを与えてはいないのである。

たしかにイギリスは、20世紀になると世界の工場としての地位を、ドイツやアメリカに譲ることになった。だがその一方で、イギリスは世界最大の海運国家であり、世界中の商品を輸送したばかりか、ドイツとイギリスの工業製品の少なくとも一部はイギリス船で輸出され、イギリスの保険会社ロイズで海上保険をかけたのである。

さらにロイズは海上保険における再保険（保険会社がリスク削減のために、保険にさらに保険をかけること）の中心であり、再保険市場の利率が、海上保険の利率もある程度決定した。

イギリスは世界最大の海運国家として海運をコントロールするとともに、世界の電信の大半を敷設した。そのため、世界の多くの商業情報はイギリス製の電信を伝わって流れた。イギリスは世界の情報の中心となったばかりでなく、送金をはじめとする、さまざまな経済的利益をえることができた。世界の貿易額が増えれば増えるほど、送金はロンドンで決済されることになり、そのため手数料収入が増加した。海運と電信によりイギリスは、世界経済のすべての活動を自国の利益にできるシステムを構築したのである。

そのためイギリスは、たとえ工業生産では世界第1位の国ではなくなったとしても、何も困ることはなく、むしろ、世界の他地域の経済成長がイギリスの富を増大させることにつながったというのが現実であった。イギリスはコミッション・キャピタリズムの国となり、その影響は、現在も強く残っているのだ。

電信とコミッション・キャピタリズム

コミッション・キャピタリズムについて論じていくうえで、電信は世界を根本的に変えた。しかし現代のわれわれは、日常生活で電信を使うことなどあまりない。せいぜい銀行振込のとき、「電信決済」を用いることがある程度だろう。だが、そのときでさえ電信の重要性を理解しているわけではない。

電信によって初めて、人類が動くよりも速く情報が伝達されるようになった。たしかにそれ以前にも、腕木通信を使ったり狼煙をあげたりして、情報を伝えることはあった。また、伝書鳩を使って情報が伝えられることもあった。

現在でも、ローマ法王の選挙（コンクラーベ）では、法王が決定したかどうかは煙の色で伝えられる。しかし、煙の色を使ったとしても、きわめてかぎられた情報しか伝えられない。また、視界に入る範囲の情報しか入手できず、雨や霧のために正確な情報の入手が困難になることもあった。そもそも煙の色が何を意味するのか、前もって知っておかなければならない。それに対し電信は、はるかに多くの情報を、しかもずっと離れた場所にまで瞬時のうちに伝えることを可能にした。

初期の電信が伝えられる情報の量は非常にかぎられていたが、送られる情報の量は増えていき、電信なしでは事業活動を遂行することが不可能になっていった。

電信の敷設には、巨額の費用がかかった。一人の商人はもちろん、一つの会社でさえ到底調達できないほどの金額であった。さらに、海底ケーブルさえも敷設された。それを賄えるほどの機関は、国家しかなかった。情報の伝達に、国家が大きく関与することになったのである。また海底ケーブルの敷設には、帆船ではなく蒸気船が必要とされた。海底ケーブルの敷設と蒸気船の発展が同時に発生したのは、それが理由の一つであった。

さらに、電信を利用して決済がなされた。電信の登場以前であれば、手形が振り出された都市から、それが引き受けられる都市へは何日、何十日、場合によっては百日以上の日数がかかった。だが電信は、それを一挙に縮めたのである。世界は、大きく縮まったのだ。

具体的に述べよう。表5‒2は電信の導入により、ロンドンとの通信日数がどの程度短縮されたのかを示している。1870年になると、世界のあちこちとの通信が、おおむね2〜4日間でおこなえたことがわかる。その電信の多くを敷設していたのはイギリスであった。イギリスは、情報、国際的な金融決済の中心となった。いわば、世界経済のシステムそのものを管理するようになった。19世紀イギリスのヘゲモニーは、この点を無視して語ることはできない。

表5-2　電信導入以前と以後の外国との通信の発展
各都市からロンドンまでの情報伝達の所要日数

	a：1820年	b：1860年	c：1870年	a−b	b−c
アレクサンドリア	53	10	2	43	8
マデイラ	30	14	2	16	12
ケープタウン	77	39	4	38	35
ボンベイ	145	26	3	119	23
カルカッタ	154	39	2	115	37
香港	141	54	3	87	51
シドニー	140	53	4	87	49
バルパライソ〔チリ〕	121	47	4	74	43
ブエノスアイレス	97	41	3	56	38
リオデジャネイロ	76	28	3	48	25
バルバドス	46	21	4	25	17
ハバナ	51	19	4	32	15
ニューオルレアン	58	19	3	39	16
ニューヨーク	32	13	2	19	11

出典：Yrjä Kaukiainen, "Shrinking the World: Improvements in the Speed of Information Transmission, c.1820–1870", *European Review of Economic History*, 5-1, 2001

19世紀の電信がもったインパクトは、こんにちのインターネットよりも大きかったかもしれない。たしかにインターネットによって、情報の伝達スピードは飛躍的に増加した。けれども、人間の移動よりも情報の移動の方が速くなるという電信の方が、世界に与えた衝撃は大きかったのではないだろうか。決定的な相違点は、電信により貿易決済がおこなわれたのに対し、インターネットではそれが不可能な点にある。この差異は、じつは非常に大きい。

世界の情報通信と貿易決済において、それ以前と決定的な違いをもたらしたのは、電信だったのである。

電信がつないだ世界

電信は、ダニエル・ヘッドリクによって、「見えざる武器」と呼ばれた。電信により、世界各地がたちまちのうちに結びつけられた。そしてイギリスは、圧倒的な情報の優位者となり、それを利用して金融上の支配者となった。

イギリスは、広大な帝国を築いた。そこには、多数の異文化間交易圏が含まれた。それ以前なら、弱い紐帯しかなかったそれらの交易圏が、蒸気船・蒸気機関車・電信によって統合されることになった。イギリスにより、世界は大きく縮まったのだ。もちろんイギリスに強固に結びつけられた地域もあれば、電信の影響が弱く、さほどではなかった地域もあったろう。ともあれ電信によって、異文化間交易が非常に簡単になり、商業取引のコストが大きく下がったことは間違いない。

電信は、それまでヒトがつないでいた世界をインビジブルなもので結んだ。だからこそ余計に世界は強く結ばれたのである。それは現在のわれわれが、インターネットによって結びつけられているのと、よく似ているのである。

イギリスの国債発行額の減少は、このような世界でもたらされた。イギリスは大艦隊をもっていたが、軍事的負担の多く、少なくとも一部は、植民地に負担させることができた。イギリスの植民地だけではなく、欧米列強の植民地が、イギリス船を使用した。また、イギリスの電信は世界中で使われた。そのため世界経済が成長し、貿易量が増えれば増えるほど、イギリスに手数料収入が流入することになった。イギリスは、まさにコミッション・キャピタリズムの国だったのである。

イギリスのヘゲモニーは、工業生産というより、むしろ電信のためであった。

そのために、イギリスは経済成長を実現し、国債を返済することができた。しかし、国債発行はまた増えることになった。戦争ではなく、社会保障費の増加が、その大きな要因であった。

第6章

恒常化する国家の財政赤字

政府支出はなぜ拡大するのか

19世紀までは、政府支出の額は現在と比較すると非常に低かった。政府の役割が大きくなったのは、ここ１５０年ほどのことにすぎず、19世紀の公的支出はＧＤＰの10パーセントほどにすぎなかった。１９６０年頃にそれは30パーセントほどになり、今では40パーセントを超えている。

昔は社会保障を政府が提供するという発想はなく、困ったときには家族や親族、教会などが助けることが当然のこととされていた。平均寿命が短かった時代に、老人の世話をする必要はあまりなかった。政府が巨額の支出を余儀なくされるのは、大きな災害を除けば戦争しかなかった。

しかし、戦争はいつもあるというものではない。それに対して、中国の戦国時代やヨーロッパの百年戦争は長期間続いたのではなかったかという疑問が出てくるかもしれない。しかし彼らは、日々戦っていたわけではない。戦争をしている期間は全体の一部とまでは少なくはないかもしれないが、ずっと戦争をしていたわけではない。そもそも兵農分離が進んでいない状態では、農繁期に戦争をすることはできず、戦争は農閑期にかぎられた。少なくとも常備軍ができないかぎり、恒常的な戦争状態などありえない。

そもそも、もし戦争が恒常的であったなら、近世のヨーロッパ諸国は借金を返済することはできなかったはずである。現在の政府支出の多くは、社会保障費から成り立っている。いや、国債返済が主要な支出先だとさえいえるかもしれない。

財務省のホームページによれば、２０１９年における社会保障費の対ＧＤＰ比は、フランスが31・８パーセント、フィンランドが31・２パーセントと高く、日本は23・８パーセントである。日本の支出は中程度とのことである。

重要なことは、これは恒常的に使用される経費だということである。また現実に、社会保障費の削減は非常に難しい。これが、政府支出が増加する最大の要因だと考えられる。

社会保障費というものを最初に予算化した国の一つとして、おそらくビスマルク時代のドイツがあげられる。ビスマルクは１８８０年代に、医療保険法、災害保険法、養老保険法という社会保障にかかわる制度を制定した。それには社会主義勢力の拡大を抑える目的があったとはいえ、イギリスで同様の法が制定されるのが１９１１年であったことから考えて、この時代のドイツの社会保障制度は非常にすぐれていたということができよう。

ドイツの統一は１８７１年のことであった。統一後のドイツでは、戦費の支出が大きく削減されたと考えられよう。そのため政府予算のなかで、社会保障費を大きく増加させることが可能になったと考えられる。また、社会保障費の恒常化はヨーロッパ諸国においても、おおむね20世紀の現象であったと考えられよう。国家予算に占める社会保障費の比率は、現在ではどの先進諸国も大きくなっている。むろん、それは日本にも当てはまる。
それは各国の財政に、重い負担をかけることになった。

増大する債務比率

図6－1は、サンプルとなった14か国（オーストラリア、カナダ、スイス、ドイツ、デンマーク、スペイン、フランス、イギリス、イタリア、日本、オランダ、ノルウェー、スウェーデン、アメリカ）の１８７０～２０１０年の、公債発行額の対ＧＤＰ比を示したものである。同図から判明するように、第二次世界大戦のときに公債発行額の対ＧＤＰ比が大きく増える。いうまでもなく、戦争のために公債を大量に発行したからである。その後、この比率は低下するが、１９８０年代から増大する。大きな戦争がなくても、公債発行額の対ＧＤＰ比は増加している。これは16世紀以降の世界史では、初めての出来事であろう。

もう少し細かく見ていこう。第一次世界大戦で増加した公債発行額の対ＧＤＰ比は、１９２０年代には世界的な好況のために低下するものの、１９２９年の大恐慌の影響で上昇する。だが、ここで注目に値するのは、第一次世界大戦後の公債発行額の対ＧＤＰ比は70～80パーセントであり、21世紀になると戦争とは無関係に、国は借金をするようになったということである。もはや、健全財政は過去の遺物となった観さえある。健全財政などは幻想にすぎなかったが、

図6-1　公債発行額の対GDP比　1870-2010年

サンプルとする14か国

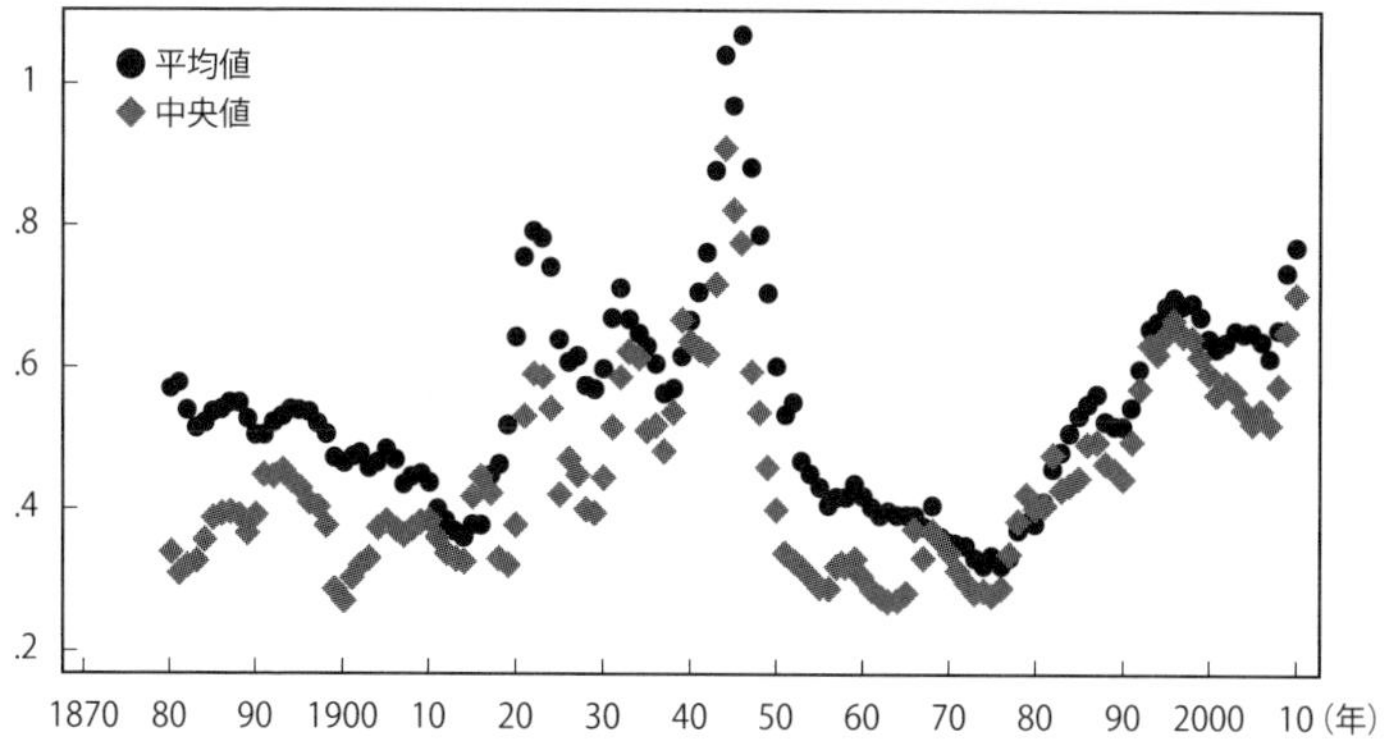

出典：Moritz Schularick, “Public debt and financial crises in the twentieth century”, School of Business & Economics Discussion Paper Economics, 2012/1をもとに作成

今では健全財政を維持しなければならないという発想さえほとんど見られなくなっているというのが、正確な表現かもしれない。平時において、公債の発行額がこれほど高かったことは、かつてなかったのである。

第二次世界大戦への参戦国は、多額の公債を発行することになった。戦勝国でさえ、終戦直前には、公債発行額の対GDP比は100パーセントを超えるようになった。このような高水準の公債発行残高が、経済成長に悪影響をおよぼすことはなかった。敗戦国の経済成長は、もっと低い水準からはじめなければならなかったが、ドイツと日本の経済成長は、驚くべきほどに高かったのである。

公債発行額が高かった理由として、金融危機が原因だとする研究者もいる。だがそれでは、危機がずっと続いていたということにはならないだろうか。やはり、もっとも重要なことは社会保障費などへの出費が続いていたことであろう。

政府の肥大化

図6―2は、１８８０年から２０１６年までの公的支出の対ＧＤＰ比を示したものである。なお公的支出とは、社会インフラ整備（道路、橋、病院、学校など）、公共サービス（教育、医療、警察、消防など）、社会保障（年金、医療保険、失業保険など）、国防、研究開発、そして財政政策である。

この図から、19世紀のあいだには公的支出はあまりないことがわかる。その後ドイツを中心に伸びていくが、大きく上昇するのは20世紀後半のことである。21世紀になると、伸び率はやや鈍化したように思われるが、それでも公的支出の対ＧＤＰ比は30～15パーセントほどもあり、20世紀以降の伸びは著しい。

よく知られているように、第二次世界大戦後、とりわけ１９６０年から１９８０年にかけて、世界的に政府の規模が拡大していった。経済への政府の関与が急速に拡大し、積極的な支出政策がかつてないほど盛んになった。政府の再分配機能が大きく発展した。言い換えるなら、累進課税がおこなわれた。さらに、ＧＤＰに占める政府の割合が拡大していった。ケインズの経

図6-2　公的支出の対GDP比　1880-2016年

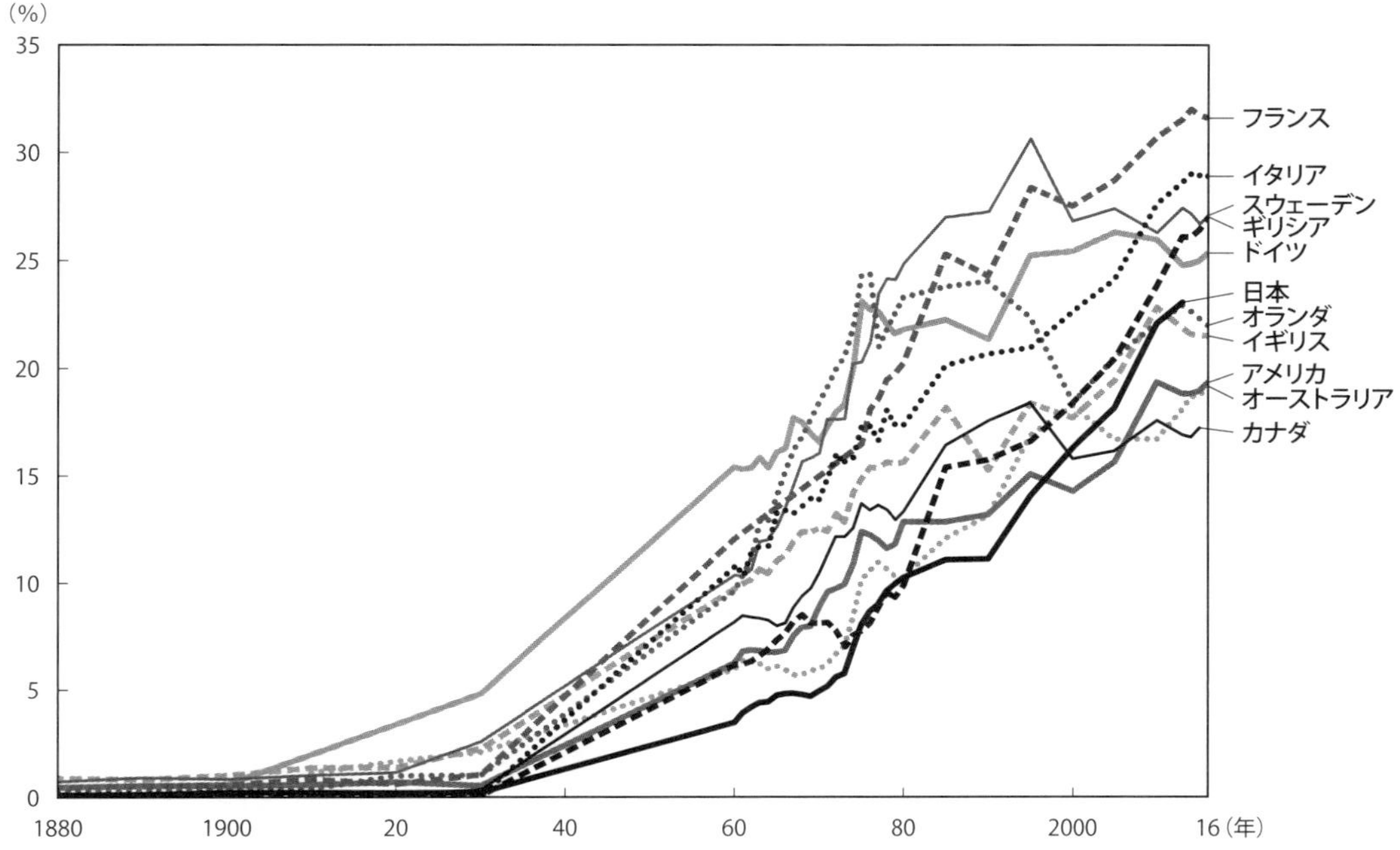

出典：https://ourworldindata.org/grapher/social-spending-oecd-longrunをもとに作成

済理論が社会主義国を除く各国政府で採用されるようになったことが、それに寄与した。

　図６－２に関してもう少し詳しく分析すると、先進諸国において公的支出の対ＧＤＰ比は、１９６０年の約28パーセントから、１９８０年には約43パーセントに増加した。ベルギー、日本、スペイン、スウェーデン、スイスにおいてはほぼ倍増し、他の先進国の多くでも急速に増加した。この期間の先進国は、アメリカを除いてほぼ平和な時代であった。これ以前の時代であれば、公的支出が増大するとすれば、それは基本的には戦争が原因であったにほかならなかった。

　１９８０年にはベルギー、オランダ、スウェーデンで、公的支出がＧＤＰの50パーセントを超えた。同年には公的支出が、ＧＤＰの30パーセント以下に抑えられた工業国はなく、日本、スペイン、スイス、アメリカだけがこの水準に近かっただけである。

　１９８０年から１９９６年のあいだに、ＧＤＰに対する公的支出の割合はベルギー、ニュージーランド、オランダ、イギリスでは減少した。だが、カナダ、フランス、イタリア、ノルウェー、スペイン、スウェーデン、スイスでは、さらに５パーセント以上増加した。イタリアとノルウェーは、１９８０年代にＧＤＰに対する公的支出の割合は10パーセント以上増やしたが、カナダと同様に支出そのものは減少した。

　１９８０年から２００７年までのあいだに、ＯＥＣＤ諸国の公的社会支出は２割増加した。平均を見ると、公的支出の対ＧＤＰ比が１９８０年に15・６パーセントだったのに対し、

図6-3　OECD諸国の純公的社会支出と実質GDPの上昇率（1990年を100とする）

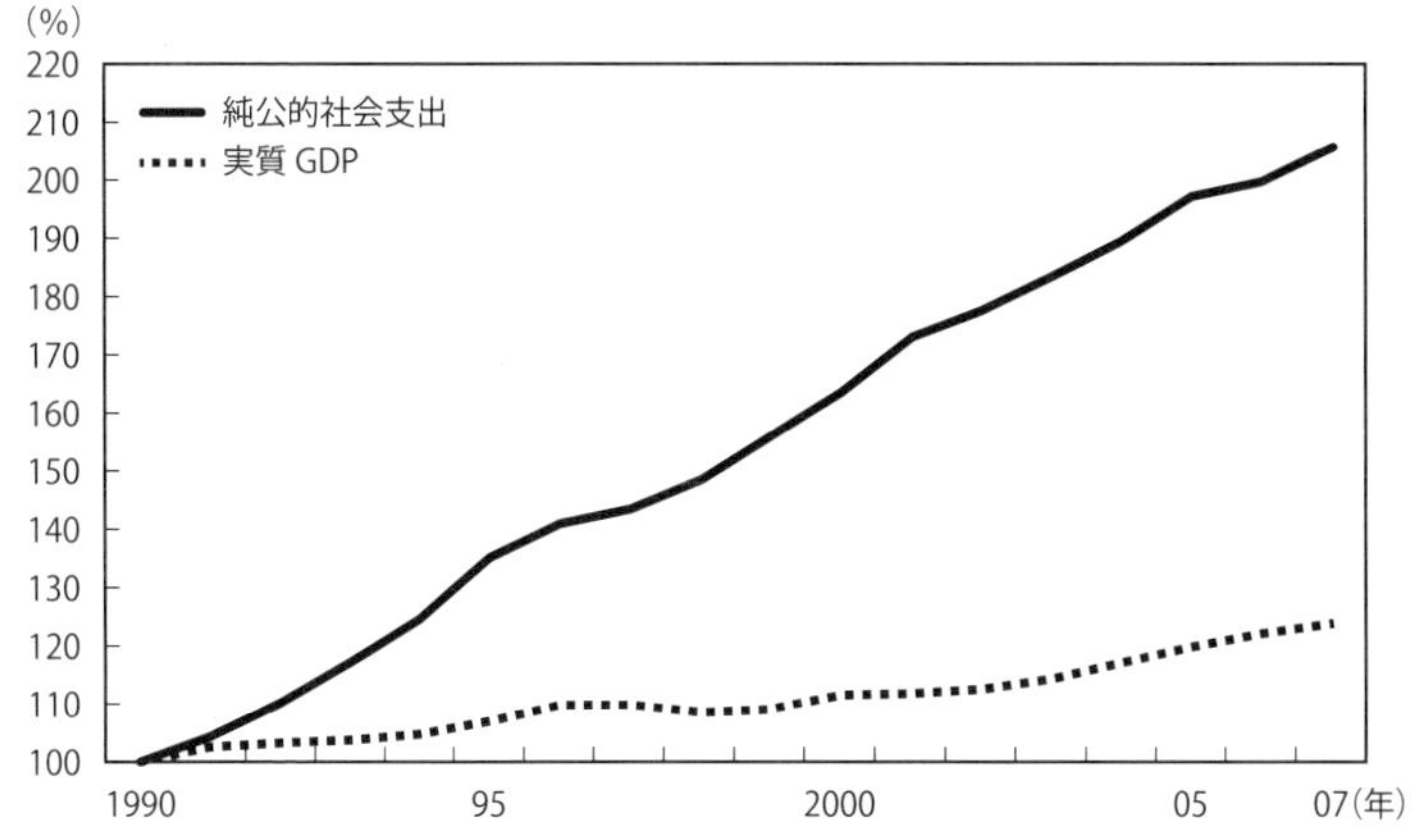

出典：国立社会保障・人口問題研究所 企画部「動向 社会保障費の国際比較――SOCX2010ed.にみる諸外国の動向」『海外社会保障研究』No.178, Spring 2012
https://www.ipss.go.jp/syoushika/bunken/data/pdf/19653408.pdf

２００７年になると、19・２パーセントにまで上昇した。

公的支出の対ＧＤＰ比は、２００８年〜２００９年にリーマンショックによる世界経済の低迷のため、ＧＤＰ成長率が鈍化した。そのため、２００７年の19・２パーセントから２００９年には22・５パーセントにまで上昇した。

このような顕著な上昇の原因は、社会保障費の増加に求められる。１９５０年にはほぼすべての国で社会保障費が国民総生産の10パーセント未満であったのに対し、１９８０年には多くのヨーロッパ諸国で20〜30パーセント以上にまで上昇した。

図６-３は、純公的社会支出（政府が社会的な公平や正義を実現するためにおこなう支出のことであり、教育、医療、年金、福祉、社会

保障などの分野での支出が含まれる）と実質ＧＤＰの上昇率を比較したものである。ここから、社会保障費がいかに急速に上昇したのかが、推測できるであろう。

しかも、社会保障費は恒常的に支出されるために、戦費を国債で賄い、平時にそれを返済するというようなことはできない。しかも、簡単に減らすことはできない。それが政府の予算に組み込まれ、年々増加しているというのが、多くの国で現実に生じている現象である。しかも、どの国でも今後老人の比率が高まっていくことは避けられないのだから、ここからも社会保障費こそ、財政面で見るなら、多くの国々の財政に多大な負担をかける最大要因となることであろう。

戦争国家から福祉国家へ

健全財政という言葉が不健全に思われるほどに、国家の財政赤字が日常的になっていった。戦争が国家財政に与えた影響は、いうまでもなく、かなり大きかった。だが、戦争だけではなく、社会福祉が国家財政に大きなウェイトを占めるようになってくるのである。

福祉国家の指標として重要なものに、再分配・保険・生活扶助機能がある。19世紀後半から20世紀初頭にかけては人々の所得が増加した。

またこの時代は、こんにちの目からは不十分に思われるだろうが、民主化が進んでいった時代でもある。所得が増加し、民主化が進んでいくと社会保障へのニーズが高まることになった。

1930年までに、GDPの5パーセントが年金、住宅供給、保健、生活扶助、失業手当のために使用されることになった。5パーセントという数値は、21世紀には20パーセントがふつうになっているので、あまりに少ないように思われるかもしれないが、そもそも国家が国民の福祉に対して出費をするということ自体、政府の役割が変化したことのあらわれといえるだろう。

この時代はまた、工業化が進み、生活水準の上昇があった時代でもある。両大戦間期には国によって差があったとはいえ、福祉、失業救済、年金、保健、住宅供給など、所得の再分配を通じて貧困層や高齢者、障害者、失業者などの生活を支え、社会的格差を縮小する役割を果たす社会的移転が増加していった。

先進国のあいだでは1880年から1930年の50年間で福祉国家が誕生し、それ以降の50年間で、福祉国家は成熟していったのである。先進諸国においては、社会移転への公共支出に対する対GDP比は、1960年が10パーセント、1970年が12パーセント、1980年が17パーセントと上昇した。

民主化が進み、労働者の権利の擁護は当然のこととなっていった。しかも、1929年の大恐慌の影響で、1930年代の世界経済が不況に陥ると、労働組合の運動はむしろ盛んになっていった。さらに、失業に苦しむ労働者は、国家からの保障がないとますます生活が困窮することを理解するようになった。国家が失業者を救済することは、当然のこととなっていった。そのために、健全財政を維持することはできず、慢性的赤字財政が当たり前になっていったのである。実際、１９３０年代の大恐慌期に公債の対ＧＤＰ比は、20パーセントから80パーセントへと、大きく上昇したのである。ただし、それでも80パーセントしかなく、21世紀の視点からは、もっと積極的に公債を発行すべきであったという人さえいるかもしれない。

政府の救済事業　アメリカとドイツ

政府が積極的に経済に介入した事例として、ここではアメリカとドイツを取り上げたい。両国とも、やがて戦争に突入したために、経済への介入がより強められたと考えられるからである。

１９２０年代のアメリカは繁栄を謳歌したことで知られる。それは「永遠の繁栄」という言葉に象徴されるほど、高い水準の繁栄であった。しかしそれは、過剰投資の結果生じたものにすぎず、いわばバブル経済であった。１９２９年10月24日、アメリカの金融街であるウォール街の株式取引所で株価が大暴落したことで、世界的な恐慌がはじまった。不況はなかなか回復せず、アメリカの失業率は25パーセントに達した。不況の影響は世界各地に広まり、１９２９年から32年にかけ、世界の工業生産は半分になった。

世界恐慌から脱却するため、アメリカでは大統領フランクリン・ローズヴェルトにより、それまでの自由放任経済をやめニューディール政策がなされた。

植民地を有するヨーロッパ諸国は、本国と植民地で一つの経済圏をつくるブロック経済をつくった。しかし、そのため世界の貿易量が減少し、不況にますます拍車がかかった。植民地をもつ国（イギリス・フランス・アメリカ）ともたざる国（ドイツ・日本・イタリア）のあいだに対抗関係が生じ、それが第二次世界大戦勃発の原因の一つとなった。

ニューディール政策が成功したかどうか、それはなかなか判断が難しい。第二次世界大戦により製造業が発展したため、アメリカの景気が回復したのだという意見もあることを付け加えておこう。

ドイツは、第一次世界大戦の敗戦国として巨額の賠償金を支払うことを余儀なくされ、最終的には、１９２１年に１３２０億マルクと決定した。しかし、ドイツには、これを払えるだけの経済力はなかった。マルクは暴落し、１９２２年からインフレ率１兆（1,000,000,000,000！）パーセントといわれるハイパーインフレが生じた。１９２４年には賠償問題解決のためにドーズ案が提案され、アメリカ資本の援助で、ドイツ経済は回復していった。

だが、１９２９年に世界恐慌が生じると、ドイツ経済はふたたび悪化した。その状況を利用して台頭したのが、アドルフ・ヒトラー（１８８９〜１９４５）が率いるナチスであった。ナチスは１９３２年の選挙で第１党になると、翌１９３３年には「全権委任法」を国会で可決させ、政府が議会の議決をへずに法律を制定することが可能になった。これによりドイツでは、ナチスの独裁がはじまったのである。

経済面では、ナチスはアウトバーンを建設するなどして、失業対策を実行した。これはアメリカのニューディール政策よりも、経済の安定化につながる政策だったかもしれない。

ナチス・ドイツはユダヤ人排斥、軍事増強政策を強行し、国際社会の非難を浴びることになった。しかし、英仏は宥和政策をとり、ナチスの独走を抑えなかったこともあり、１９３９年、第二次世界大戦が勃発することになった。ナチスもまた、製造業への投資を増大させる戦時経済体制に突入するのである。

日本の場合

日本は、第一次世界大戦への参戦で、巨額の利益をえた。また１９２０年代には、大正デモクラシーが出現し、民主主義が発展した。経済水準が高まったので、欧米の女性に憧れ、欧米流のファッションをするモダンガールが登場した。

だが、１９３０年代になるとモダンガールがいなくなってしまう。それは世界恐慌の影響で日本が不景気になり、戦争の影響もあってファッションどころではなくなったからであろう。１９２９年、日本を代表する映画監督小津安二郎がサイレント映画の「大学は出たけれど」を上映した。これは不況のため、当時はエリートであった大卒でも就職できなかった様子を描いた映画であった。１９２９年にアメリカではじまった世界恐慌は、日本のみならず世界中に波及したのである。

世界経済の行方は大変暗く、これが日本や世界を巻き込む第二次世界大戦の要因の一つとなった。１９３１年の満州事変が拡大し、１９４５年の敗戦で十五年戦争が終焉するまで、戦争の時代が続いた。

戦争が継続し、大規模化したために、それに付随する産業にも大きな影響があった。日本は重化学工業が発展したが、それは軍事産業の成長と大きく関係していた。日本の産業構造は、軍需によって軽工業中心から重工業中心へと大きく変化したのである。

１９３１年から１９３５年の５年間に、鉄鋼の生産高は４・３倍に、一般機械は４・２倍に、電気機械は３・１倍に、輸送機械は３・４倍に上昇した。１９３７年になると、工業生産額に占める重化学工業製品の割合が54・８パーセントになった。このように、日本の産業構造は劇的に変化したのであった。これは、一見すると先進国型の経済構造になったかのように思われるが、現実には軍事産業と関係する部門が発展したにすぎなかったのである。軍事産業の関連する分野は多いとはいえ、いびつな形での経済構造の転換だったといえよう。

すべての物資を戦争のために使用する経済は、どの国でも国民の生活は犠牲にされる。戦時中の日本の場合、とくにそれが顕著であった。

戦争に突入したものの、日本はアメリカと違い国内の資源が乏しい国なので、すぐに資源が枯渇する。国民の消費のために資源を利用することはできなくなった。

「欲しがりません勝つまでは」と人々がいっていたにもかかわらず、日本は戦争で惨敗した。１９４５年８月の生産指数は、１９３５〜１９３７年の１割未満にまで落ちこんだ。おそらく、軍事産業に直接関係する指数はもっと低下していたはずである。敗戦は、軍事に特化した経済の終焉でもあった。

日露戦争

ここで時代をさかのぼり、日露戦争について見ていきたい。序章で述べたように、ここから日本の軍事支出は大きく増加したからである。

１８５３年にペリーが浦賀に来航し、江戸時代の太平の世が終わることになった。帝国主義時代の真っ只中に、日本は投げ出されることになった。おおむね、明治維新から１９４５年の敗戦までの80年弱の日本財政と戦争とのあいだに密接な関係があったことは、改めていうまでもない。

１９０４〜１９０５年に戦われた日露戦争は、まさに薄氷を踏む思いで勝利をえた戦争であったことは序章で述べた。日露戦争の戦費は総計で20億円ほどであり、これは、その10年ほど前に戦われた日清戦争の約10倍であった。したがって文字どおりの総力戦だったのである。

日露戦争を指揮した外務大臣は、小村寿太郎であった。小村にとってもっとも重要なことは、戦費の調達であった。日清戦争においては戦費の52パーセントを公債に依存したが、日露戦争におけるその比率は78パーセントであった。これをすべて日本国内で調達することは到底不可能であり、外債の起債が不可欠であった。

１９０２年1月、日本はイギリスと日英同盟を結んだが、イギリスは南アフリカのボーア戦争の最中であり、日本の要求に応じることは難しかった。そこで閣議決定により、日本銀行副総裁の高橋是清を英米に派遣し、外債起債を要請させることになった。高橋は欧米にコネクションがあったものの、外債の起債は容易ではなかった。

政府が高橋に指示した計画書によれば、日露戦争の軍費の約三分の一を外債に依存した。すなわち、日露戦争では4億５０００万円の軍費のうち、1億５０００万円が外債で賄われることになる。当時、日本銀行所有の外貨は、５２００万円であった。すなわちほぼ1億円の外債起債が必要となる。そのための担保として関税収入を充てるという計画が立てられた。

この件に関し、高橋是清は自伝のなかで、次のように語っている。やや長くなるが、引用してみよう（高橋是清『高橋是清自伝』中公文庫電子版、上下合本、２０２１）。

一月の下旬に至って桂首相から呼ばれたので、すぐに総理大臣官邸に行くと、その席には首相のほかに伊藤侯、山県侯、松方伯、井上伯の諸元老がおられた。首相は私を見ると、「この際さらに二億乃至二億五千万円の公債を募集したいが出来るだろうか」といわれるから、私は、「二億五千万円くらいならたしかに出来ます、私の電信一本で出来ます」といった。その時伊藤侯が山県侯を顧みて「高橋は金は出来るというじゃないか」といわれると、山県侯は起ってポケットに両手を突込み、少し俯むき加減に室内を歩きながら、独り言のように「経済でなら仕方がないが、軍ということでは」といわれた。すると桂侯が突然私に「戦いを負けても出来るか」と問われた。私は、「それや同じ敗けても敗けよう次第です。戦いに敗けてる間に出来すというわけには行きません、しかし敗けたからとて、どっかで踏み止どまる時がありましょう。その踏み止まった時に、公債談判の機会が来るのです。もちろんその場合条件は悪くなります、つまり敗け方に依るので、まさか一気に朝鮮まで追いまくられることもありますまい」と答えた。私の用事はそれで済んだので引取った。その後その席で何事が話されたかは私は知らぬ。ただ井上伯が「ぜひお前が行かなけりゃならぬ」と言われたので再びロンドンに向うことを決心した。そうして二月五日正金ロンドン支店宛てに、「先般一旦は帰朝したが再び出張を命ぜられたので二月十七日横浜出帆のエンプレス・オブ・インディア号にて出発する。このことは公債発行銀行へ内々で伝言せよ。次にレベルストックには右の事情を伝えかつ先に同氏へ手紙を出すと申し送っておいたが、どうせ近く再びロンドンにて面会の機を得るから、手紙は出さないことにしたと伝言せよ」と電報をもって申し送った。

高橋是清は１９０３（明治36）年2月24日、ニューヨークに向けて出発した。だが、何人かの銀行家に面会し事情を説明したものの、自国の産業発展に外貨を必要としており、日本のために外債を募集する余裕はないという回答であった。すると高橋はロンドンに向かい、正金銀行の取引先であるバーズ銀行、香港上海銀行、チャータード銀行等と交渉したものの、日露戦争をしたところで日本が勝利することなど信じられないという態度をとられた。しかし高橋は何とか５０００万ポンドの起債を、バーズ銀行、香港上海銀行、横浜正金銀行の3行より成るシンジケート銀行団に認めさせたのである。

だが、よいことばかりではなかった。高橋は利率を4パーセントという交渉をしたが、結果は6パーセントということでしかなかった。しかも、期限5カ年という厳しい条件を付与された。

しかも高橋には、残りの５０００万ポンドを調達するという任務が残されていた。幸いなことに、イギリスに滞在していたアメリカのクーン・ローブ商会の上席パートナーであるジェイコブ・シフが、５０００万ポンドを引き受けてもいいと申し出た。

ロンドンとニューヨークでの起債は、１９０４（明治37）年5月12日にはじまった。しかも実際には外債の引受額は５０００万ポンドの数倍におよんだ。それは英米人が、日本の勝利の可能性を感じたからである。

ディアスポラの民と日露戦争

スコットランド人が大英帝国を利用して、帝国各地に移住したことはすでに述べた。日本には欧米諸国から雇われ外国人がやってきたが、そのなかに、スコットランド人がいた。当時の日本人にはイングランド人とスコットランド人の区別はつかなかったから、イングランド人もスコットランド人も、「エゲレス人（イギリス人）」だとみなされていた。

そのためスコットランド人がどの程度いたのか、正確にはわからない。だがお雇い外国人のなかで「イギリス人」が占める比率がもっとも高かったことは間違いない事実である。１８７４（明治７）年にピークに達したお雇い外国人のトップを、常にイギリス人が占めていたのは事実である。さらに、この半数程度がスコットランド人であったという推測がなされている。

「イギリス人」は、とくに鉄道、通信方面で働いた。日本の鉄道敷設にはスコットランド人技師が大きく寄与したとされる。スコットランドの首都グラスゴーはイギリス第二の工業都市であり、スコットランドの技術水準はきわめて高く、彼らが日本の鉄道建設に大きな影響を与えたのである。

スコットランド人の日本への貢献は、技術部門にかぎらなかった。たとえばスコットランド人アレキサンダー・シャンドは、スコットランドの銀行に入行した後、日本に招聘され大蔵省の紙幣寮亜属書記官となった。そして銀行簿記の普及に尽力しただけではなく、日本銀行の創設に関与した。

日露戦争の直前に高橋是清がロンドンでの外債の発行に助力したのも、イギリスに帰国していたシャンドの力があった。シャンドの斡旋によりクーン・ローブ商会のジェイコブ・シフが外債の引き受けに興味を示し、起債総額の半分を引き受けることになったのである。シャンドがいなければ、日本は日露戦争に勝てなかったかもしれない。スコットランド人の日本の近代化に対する貢献度は、非常に高かったのだ。

日露戦争の外債発行にあたっては、ロスチャイルドも協力した。高橋はこの日のために、戦中もロスチャイルドとの関係を大事にしていたのである。ロスチャイルドは、アシュケナジムのユダヤ人であり、日露戦争は、じつはヨーロッパのディアスポラと関係していたのである。

アジア・太平洋戦争の日本の財政

ここでは関野満夫『日本の戦争財政――日中戦争・アジア太平洋戦争の財政分析』（中央大学出版部、２０２１）に依拠しながら論じたい。

アジア・太平洋戦争期の臨時軍事費特別会計歳出決算額は、日清戦争（１８９４〜１８９５）

の２・０億円、日露戦争（１９０４〜１９０５）の15・１億円、第一次世界大戦・シベリア出兵（１９１４〜１９２５）の８・８億円と比較してはるかに多く、アジア・太平洋戦争（１９３７〜１９４５）は１５５４億円にものぼり、日露戦争の１００倍にも達していた。

これほど巨額の戦費を、外債で賄うことは不可能であった。そもそも外債を発行しようとしても、当時の金融の中心であった英米に対して鬼畜米英といって戦争をしていたのだから、不可能であった。

表６―１は、政府一般会計と臨時軍事費特別会計の合計額と名目ＧＮＰとの比率をあらわしたものである。１９３５年には13・２パーセントであったが、アジア・太平洋戦争がはじまった１９４１年には36・８パーセント、１９４４年にはなんと１１５・６パーセントにまで達している。ＧＮＰよりも、戦費の方が多いのである。

公債と繰替借入金（通常の借入金ではなく、繰り返し短期間で借り入れる資金の）合計額も、かなり多い。１９３７〜１９４５年の公債及繰替借入金は総額１０７１億円であり、歳入全体の61・８パーセントを占めていた。これが最大の歳入源であったことは、いうまでもない。

政府一般会計歳入決算額に目をやると、租税収入は１９３５年度の９・３億円から１９４４年度の１１４・３億円へと12・３倍に拡大しており、この時期全体を通じて一般会計歳入の50パーセント前後を占めている。戦時期において、一般会計は持続的かつ急激に膨張した。それは、租税収入＝租税負担の拡大によって支えられてきた。その実態は、所得課税、消費課税の

表6-1　政府一般会計歳出と臨時軍事費特別会計支出の推移

（単位：100万円）

年度	一般会計 歳出総額 (A)	臨軍会計 支出 年度割 (B)	一般会計 より臨軍 会計繰入 (C)	一般会計 臨軍会計 歳出純計 (D)	名目 GNP (E)	D/E (%)
1935	2,206	—	—	2,206	16,734	13.2
1936	2,282	—	—	2,282	17,800	12.8
1937	2,709	2,034	1	4,742	23,426	20.2
1938	3,288	4,795	317	7,766	26,793	29.0
1939	4,493	4,844	535	8,802	33,083	26.6
1940	5,860	5,722	600	10,982	39,396	27.9
1941	8,133	9,487	1,078	16,542	44,896	36.8
1942	8,276	18,753	2,623	24,406	54,384	44.9
1943	12,551	29,818	4,369	38,000	63,824	59.5
1944	19,871	73,493	7,205	86,159	74,503	115.6
1945	21,496	16,465	—	37,961	—	—

注：D＝A＋B－C
出典：関野満夫『日本の戦争財政――日中戦争・アジア太平洋戦争の財政分析』中央大学出版部、2021年をもとに作成

増税・増収による国民負担の拡大であった。

１９３７〜１９４４年度における公債および借入金収入は、一般会計歳入の20パーセント程度であった。一般会計での公債比率が比較的低いのは、戦争支出の大半を臨時軍事費特別会計の軍事公債・借入金で賄っていたからである。しかも国債の７割近くを、日銀が引き受けていた。具体的には、１９３１年から１９４５年にかけての新規公債発行額は１２８２億６５００万円であり、そのうち日銀引受は８４５億５０００万円であった。いくら戦時財政とはいえ、あまりに異様としかいいようがな

い。

国債新規発行額は、急激に上昇している。１９３７年には22億３０００万円、１９４１年には１０１億９１００万円、１９４５年には４２４億７４００万円と、急激かつ大幅に上昇している。それは、戦時期においては、中国・南方でのインフレをもたらした。より正確には、上海では、１９４１年秋で10倍、１９４３年末には１００倍、１９４４年末で約１０００倍になっていた。さらに、シンガポールでは、１９４１年末と比較した物価は、１９４４年末には１００倍になっていたという。戦後には、それは日本全土におよぶことになった。

敗戦後の４か月（１９４５年８月～11月）で、物価は20・７パーセント上昇した。さらに12月の１か月だけで、66パーセントという異常な上昇率であった。敗戦の８月から年末までのあいだに、物価は約２倍に上昇しているのである。しかもこれは主として政府公定価格を反映した物価水準にすぎない。

１９４５年10月～１９４６年２月の物価水準が公定価格のほぼ30倍以上になっていたことを考えるなら、現実の物価上昇率はずっと高いものだったに違いない。そのため国債の実質的負担は、かなり減らされることになった。

高度経済成長

日本の1945年8月の生産指数は（1935〜37年を100とすると）8・7にすぎなかった。さらに、1934〜36年の消費者物価指数を100とした場合、1949年第2四半期の物価指数は247・8となり、インフレも激しかった。言い換えれば、日本の公債発行残高の対GDP比は低下していったのである。

日本経済は、まさに壊滅的な状態であった。日本はこのような状況から立ち直り、高度経済成長を経験したのである。その大きなきっかけとなったのは、1950〜1953年の朝鮮戦争特需であった。1949年の輸出額が5億1000万ドルであったのが、1956年には25億1000万ドルと、約5倍になった。さらに鉱工業生産指数は、同時期に100から316に大きく増加した。

この頃から、図6−4に示されているように、日本は世界史上稀に見るほどの高度経済成長を経験したのである。その大きな要因は、設備投資＝第二次産業の進展と高い貯蓄率に求められよう。設備投資の費用を、海外から借りる必要はなく、国内の銀行からの借金（間接金融）で賄うことができたのである。

さらに、アジア・太平洋戦争中と比較すると、軍事費がはるかに少なくて済んだことも重要

図6‒4　日本の実質GDP成長率

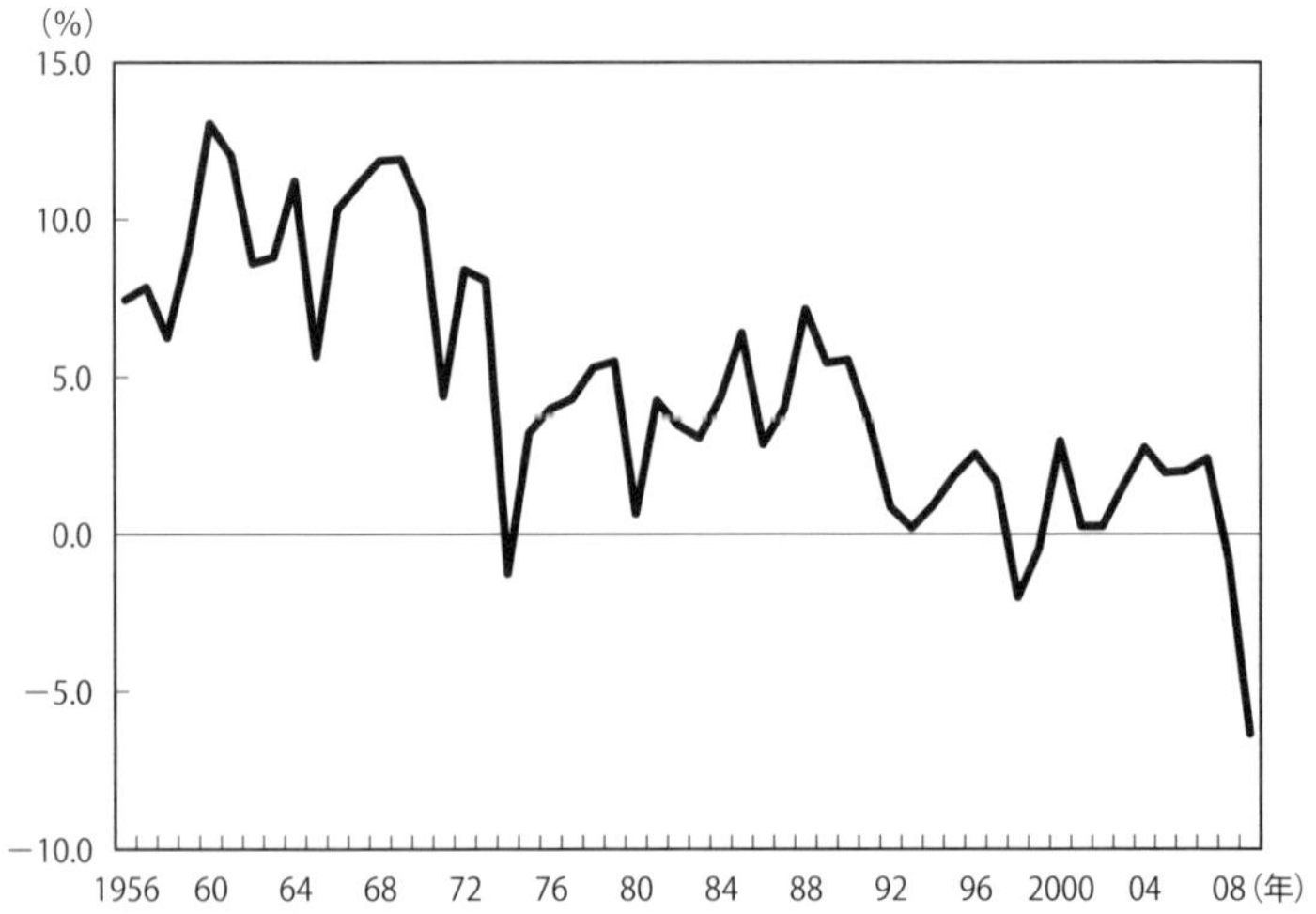

出典：内閣府

であった。戦時中であれば軍事研究に投資されていたものが、経済成長のために投資されるようになった。１９２０年代に萌芽があった大衆消費社会誕生への胎動は、おそらく１９５０年代になってふたたび動き出したといえるだろう。

輸出が拡大しただけではなく、日本国内においても、耐久消費財（洗濯機・電気冷蔵庫・テレビ・クーラー・自動車など）の需要が増え、日本人の生活は豊かになっていった。

戦後の日本は、軍事に対する投資が大きく減り、その分を経済成長のために投資することができた。石油価格は１９７０年頃まで１バレル（約１６０リットル）あたり２ドルを下回るほど安く、若い労働力が多かったので賃金は比較的少なくてすんだ。１ドル＝３６０円の固定相場制のもと、日本の経済力が上昇して実質的には円がそれ以上に強くなっても、実質円安のため、輸出を増大させることができた。

農業労働者の数がどんどん減少し、工業労働力として重要な若い労働者が都会に出てきた。市部と郡部の人口比を見ると、１９４５年には27・８対72・２だったのが、１９８０年には76・２対23・８と逆転する。また、新規学卒就業者数をパーセンテージで見ると、１９５５年は中学60パーセント、高校31・４パーセント、大学が８・６パーセントだったのが、１９７５年にはそれぞれ、６・１パーセント、58・６パーセント、35・４パーセントと、高校・大学卒の比率が急上昇する。そのため、比較的高度な技術や知識をもつ労働者の比率が増えた。

中卒の労働者のうち、農村部から都市へと集団就職した人たちがいた。彼らは、都市部で、優秀な労働者として雇用されることになった。

日本経済は、１９７３年の第一次石油ショック、さらには１９７８〜１９７９年の石油ショックも乗り越え、省資源型経済の実現に成功した。１９７１年のニクソンショック、とくに１９８５年のプラザ合意以降円高が進んだにもかかわらず、輸出を伸ばすことができ、経済は成長した。

だが、１９８６年から１９９１年頃まで続いたバブル経済が崩壊すると、日本経済は停滞期に突入した。日本国内の資産価値、とくに土地の価格が異常に上昇したのが、一挙に低下したのである。

失われた30年の実態

しばしば、「失われた30年」といういい方がされる。バブル崩壊後の1990年代初頭から現在までの期間を指すことばである。この30年間は高度経済成長期や安定成長期のような成長が見られず、経済の低迷や景気の横ばいが続いているとされる。

日経平均株価の1989年12月29日の終値は3万8915円87銭だったが、2019年12月30日の終値は2万3656円62銭であり、大きく低下している。東証1部の株式時価総額も1989年末は約590兆円だったが、2019年末は約648兆円となっているにすぎない。2020年にはGAFAM（Google、Apple、Facebook、Amazon、Microsoft）5社合計の株式時価総額が、東証1部全体のそれを上回った。

日本経済は、もはや周回遅れになったといわれることさえある。ただし、海外の新規企業には無形資産が非常に多いという特徴があることに注目すべきであろう。

無形資産とは、企業が所有する、具体的な形がないけれども経済的な価値をもつ資産のことを指す。具体的には①特許権、著作権、商標権などの知的財産権、②ソフトウェア、データベース、ウェブサイトなどの情報技術関連の資産、③顧客リスト、営業権、ブランド力などの顧客関係やブランド価値に関する資産、④研究開発費、営業権取得費、広告宣伝費などの無形投資によって生み出された資産のことである。問題はこれらの計測方法であり、画一的な方法が確立していない以上、恣意性が大きく入り、現在のところ正確な指標といえない。無形資産を資産としてあまり積極的に組み入れない日本企業の価値、さらには日本経済の力は、過小評価されている。「失われた30年」という言い方もまた、日本の経済力を過小評価しているように思われる。

ところで図6－5は、１９５０～２０１５年度の社会保障給付費の推移をあらわしたものである。１９５０年度にはほとんどなかったけれども、２０１５年度には１２０兆円近くにまで増えている。１９７０年度には５・77パーセントであった社会保障給付費の対国民所得比が、２０１５年度になると29・57パーセントと、非常に大きくなった。年金と医療費が、社会保障給付費の大部分を占める。およそすべての国と同様、日本においても公的支出額は増え、その中心が社会保障費なのである。その額を減少させることは、かなり困難である。

序章で論じたように、多くの国で国債発行残高は上昇しつつあるが、日本は突出して大きい。これまでも政府は国債発行額を減少させようとしてきたが、それには成功していない。その一つの要因として、社会保障費を減少させることがはなはだ困難なことがある。社会保障の水準を落とすことなく社会保障費を減少させることが、公債発行残高の減少のために不可欠のことであろう。

図6-5　社会保障給付費の推移

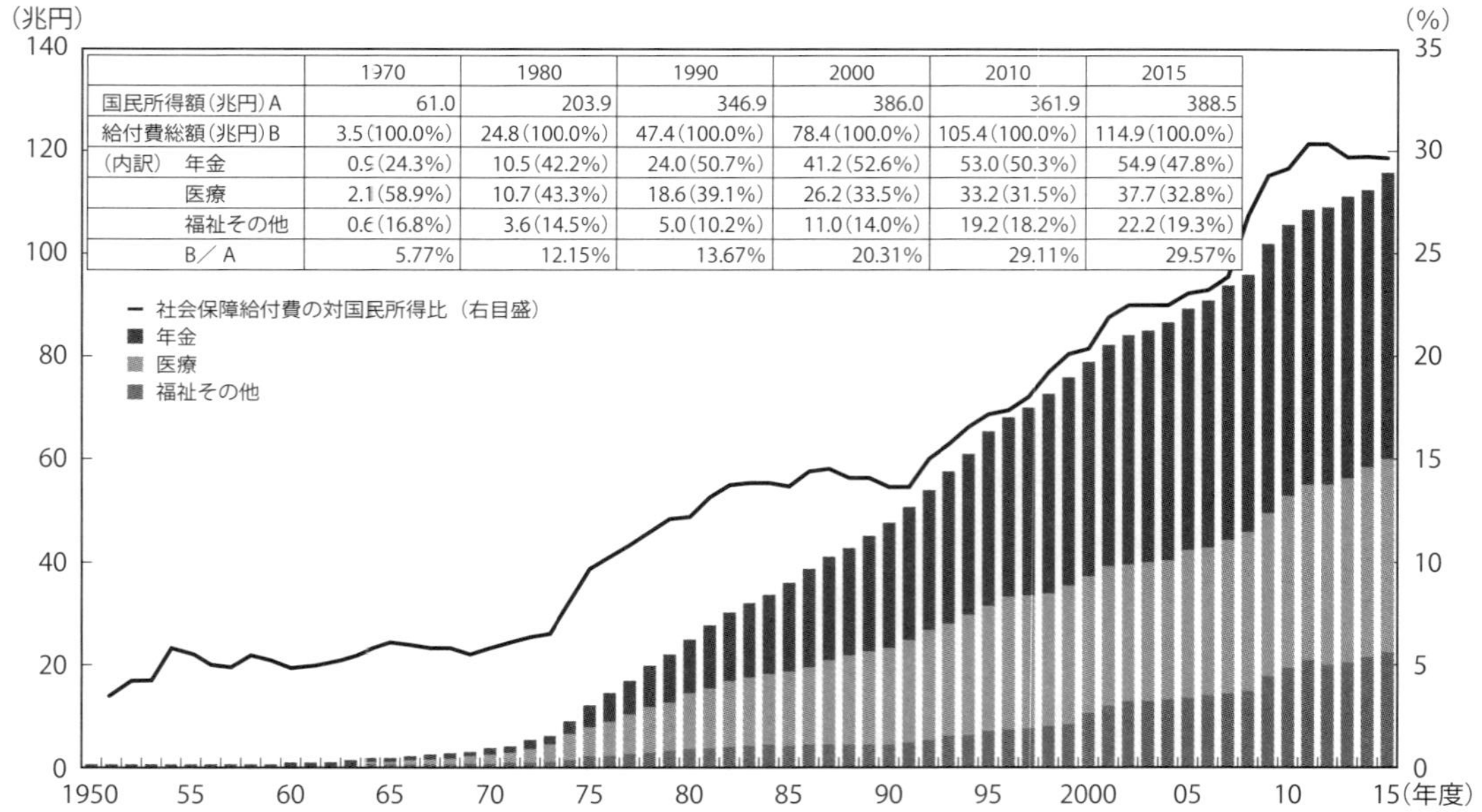

		1970	1980	1990	2000	2010	2015
国民所得額(兆円)A		61.0	203.9	346.9	386.0	361.9	388.5
給付費総額(兆円)B		3.5(100.0%)	24.8(100.0%)	47.4(100.0%)	78.4(100.0%)	105.4(100.0%)	114.9(100.0%)
(内訳)	年金	0.9(24.3%)	10.5(42.2%)	24.0(50.7%)	41.2(52.6%)	53.0(50.3%)	54.9(47.8%)
	医療	2.1(58.9%)	10.7(43.3%)	18.6(39.1%)	26.2(33.5%)	33.2(31.5%)	37.7(32.8%)
	福祉その他	0.6(16.8%)	3.6(14.5%)	5.0(10.2%)	11.0(14.0%)	19.2(18.2%)	22.2(19.3%)
	B／A	5.77%	12.15%	13.67%	20.31%	29.11%	29.57%

注：1963年度までは「医療」と「年金・福祉その他」の2分類、1964年度以降は「医療」「年金」「福祉その他」の3分類である。
資料：国立社会保障・人口問題研究所「平成27年度社会保障費用統計」
出典：厚生労働省HP

公的支出の対ＧＤＰ比が減らない理由

公的支出の対ＧＤＰ比は、簡単には減りそうもない。公的支出の主要部分は社会保障費である。平均寿命が延び、介護のための費用が増え、年金額が増える以上、そもそも減少する要因がない。単純にいえば、それがこの比率が減らない最大の理由である。

少なくとも日本の場合、政府の歳入額よりも歳出額の方が多いことが日常的になった。そのために国債を発行するが、経済が成長しないかぎり返済をすることはできず、国債発行残高が減少する理由はない。

アベノミクスの三本の矢、すなわち①金融緩和政策：日銀による量的緩和政策の強化をおこない、物価上昇率の2パーセント目標達成を目指す、②財政政策：公共投資を中心におこない、民間投資の増加を促す、③成長戦略：規制緩和や国内外投資促進策、女性・高齢者等の就業促進策などをおこない、長期的な経済成長を促すことを目指す、が成功したかどうか正確に判断することは難しいが、民間投資が増えないため経済が思ったよりも成長せず、国債発行残高が減少しなかったことは（それをどこまで故安倍晋三元総理の責任とするかは別として）、やはり否定できない事実であろう。

日本は、他の多くの先進国と同様、戦争のために国債を発行し、それを平時に返済するというシステムを使用する必要はなくなった。だが、政府の規模が拡大し、固定費とみなせる社会保障費が増え、一時的に歳入が減ったり歳出が増えると国債を発行するシステムは続いている。それをやめることができないかぎり、国家財政の国債への依存をやめるのは困難であろう。けれども、それをやめる必要はないかもしれないという意見もある。だがそこには経済が成長し続けるという、前提条件があることを銘記しておかなければならない。

　しかし、経済成長は本当にずっと続くのだろうか。

終章　成長の世界システムが終わるとき

イギリスからアメリカへのヘゲモニーの移行

オランダのヘゲモニーは、三十年戦争に終止符を打った１６４８年のウェストファリア条約で、イギリスのヘゲモニーは、ナポレオン戦争を終結させた１８１５年のウィーン条約によって明確になった。アメリカのヘゲモニーが明確になったのは、日本がポツダム宣言を受け入れ、敗戦を迎えた１９４５年8月15日であったろう。

そもそもアメリカは、ヨーロッパ諸国とは異なり国土の面積が広い。天然資源も豊富である。そのため、海外に進出する必要はあまりなかった。また、他大陸から遠いこともあり、戦争による被害を受けることはかなり少なかった。それは、アメリカの経済成長にとって、大きなプラス材料となった。

さらに、新世界では人口が少なく、そのため18世紀から19世紀にかけて、労働者の賃金はヨーロッパよりも高い傾向があった。「母をたずねて三千里」で、主人公マルコの母親がジェノヴァからアルゼンチンに出稼ぎに行ったのは、アルゼンチンの方がイタリアよりも高賃金だったからである。

労働者の賃金が高かったアメリカ合衆国の消費水準は、ヨーロッパよりも高かった。１９２０年代末までに、２７００万の世帯のうち１７００万の世帯に電話がつき、１５００万世帯がアイロンを、700万世帯が電気掃除機を、500万世帯が洗濯機を保有するようになった。しかも、所得がもっとも多い人々のあいだでは、92パーセントが浴室（バス）を、63パーセントがラジオを、83パーセントが自動車を保有していた。これは、当時のヨーロッパよりはるかに高い水準であり、耐久消費財の購入をベースとする大衆消費社会が形成されていたことがうかがえる。

第一次世界大戦がはじまる頃には、アメリカは世界最大の工業国家であった。そのアメリカが、1917年に協商国側について第一次世界大戦に参戦すると、戦争は明らかに協商国側に有利になった。この頃からアメリカは、世界の表舞台に積極的に出ていくようになった。イギリスからアメリカへのヘゲモニーの移行は、両大戦間期に進むことになった。

1914年には、世界金融の中心はロンドンであったが、第一次世界大戦が終わると、ロンドンとニューヨークの2都市が中心になった。ただし現実により力があったのは、おそらくニューヨークであったろう。ロンドンは明らかに、大戦前の金融力を失っていた。

この2都市の金融システムには微妙な差異があった。戦前の金融市場では、国際貿易の金融の大半がロンドンで決済されていたため、ロンドンを利用する各国の銀行はロンドンの銀行に預金をしなければならなかった。

それに対し1920年代におけるドルの使用は、アメリカ自国の貿易決済・金融にかぎられていた。外国銀行のニューヨークの銀行への「預金強制力」は、第三国間貿易の決済・金融に利用されないので小さかった。そのため、国際貿易が復活したあとは、国際通貨としてのポンドの力が復活したのである。貿易決済では、まだロンドンの力が強かったのである。

１９１３年と１９３０年のイギリスの長期海外投資を比較すると、大英帝国内部が47パーセントから59パーセントへと上昇し、アメリカが20パーセントから５パーセントへと大きく低下した。これは、イギリス金融のアメリカにおける影響力の低下を示している。

だが、第三国間貿易における取引通貨としてはポンドが依然として優位であった。それに対し長期資本発行市場としては、ニューヨークが完全に凌駕していたのである。

ロンドンとニューヨークの金融市場には、このような違いがあった。ロンドンは振替市場の機能に特化したといってよいであろう。世界の投資は、ロンドンではなくニューヨークを経由しておこなわれるようになっていったのである。とはいえ、第二次世界大戦が終わると、明らかにニューヨークが世界金融の中心になった。

ブレトン・ウッズ会議とアメリカのヘゲモニー

第二次世界大戦で連合国が勝利を握ることが明らかになってきたので、戦後の国際金融と通貨の体制について決定するための会議が、１９４４年７月、アメリカのニューハンプシャー州ブレトン・ウッズで44か国が参加して、ブレトン・ウッズ会議が開かれた。これは、アメリカのヘゲモニーを決定づけるための会議といえた。

第二次世界大戦の影響で、ヨーロッパ経済は疲弊していた。そして、かつてのヘゲモニー国家イギリスの経済は大きく衰退していた。第一次世界大戦直前においては、イギリスでは政府債務の対ＧＤＰ比は29パーセントにすぎなかったのが、第二次世界大戦が終わる頃には、２４０パーセントにまで増加していた。戦争は、それほどまでにイギリスを疲弊させたのだ。

外国貿易が確実に回復し、再建や支援、景気回復のために欠かせない巨額の資本を供給するための機関が必要なので、アメリカが中心となって、国際通貨基金（ＩＭＦ）と世界貿易機関（ＷＴＯ）、世界銀行の創設が決定された。

そのうえ、金１オンス＝35ドルと固定される金本位制が採用された。そのドルに対して、各国の通貨の交換比率が決められるというシステムの固定相場制が構築されたのである。アメリカ・ドルは、世界経済の基軸通貨としての役割を付与された。

しかしこれは、アメリカ・ドルが他国の通貨よりもずっと強く、しかもそれが変わらないときにのみ維持できる体制であった。

第二次世界大戦後のアメリカは植民地をもたなかったが、世界中に艦隊を派遣し自国の利益を護ろうとした。その点では、イギリスに似ている。そしてイギリスと同様、それが国家財政に大きな負担をかけることになった。

だが、アメリカの世界経済の支配の方法は、それ以前のヘゲモニー国家イギリスとは異なっていた。

多くの国際機関が、アメリカの後ろ盾によって創設された。アメリカという国は、自国の力のみならず、国際機関を利用することで、世界経済のヘゲモニーを握ったのである。ブレトン・ウッズ会議は、このシステムを築き上げるための会議であった。IMFと世界銀行が、アメリカのヘゲモニーにとってもっとも重要な国際機関であった。

アメリカがこのようなことをできたのは、他国と比較して経済力が圧倒的に強かったからである。1946年の時点では、世界のGNPの半分ほどをアメリカが占めていたとさえいわれる。

IMFは加盟国の経済をコントロールすることはできない。しかし、IMFにもっとも多くの金額を拠出しているのはアメリカである。

それに対し、世界銀行は国際連合の独立機関である。そして、IMFの加盟国でなければ、世界銀行に加盟することはできない。したがって、IMFの方が、現実には力が強い。さらに、世界銀行の総裁はアメリカ人が選出されることになっている。

このように、ブレトン・ウッズ体制とは、アメリカのヘゲモニーを象徴する体制であった。それは、現在もなおある程度は続く体制である。

アメリカのヘゲモニーは、この体制とともにあったといえよう。ただし、アメリカのヘゲモニーのおよぶ範囲が、東欧の社会主義諸国までを含んでいたかどうかを判断することは難しい。

だが、ソ連でも、ブラックマーケットではアメリカ・ドルが使われていたことを考慮するなら、東欧の社会主義諸国とは、資本主義陣営に経済的には組み込まれていた体制だといってよかろう。ウォーラーステインがいうように社会主義とは、あくまで資本主義があったからこそ機能したシステムであり、アメリカの資本主義を中心とした世界システムの一部であった。

世界の金融システムの中心はアメリカであり、それはアメリカ・ドルを基軸通貨とする固定相場制によって維持されるシステムであった。アメリカは、イギリスと異なり広大な植民地帝国を形成することはなかった。しかし世界中に軍隊を派遣し、アメリカの政治体制、ひいては経済体制を維持しようとした。

アメリカの多国籍企業は、さまざまな地域に進出していった。世界的な多国籍企業の多くは、アメリカの企業であった。

イギリスのヘゲモニーとは違い、アメリカのヘゲモニーは、世界経済の成長がそのまま自国経済の利益になるというわけではなかった。たとえば、ＩＭＦへの参加国が非常に増えると、金融面におけるアメリカの影響力は低下する。ここにアメリカのヘゲモニーの大きな限界があったといえよう。

アメリカのヘゲモニーの衰退

１９５０〜１９７３年のアメリカの経済成長率は、年平均２・２パーセントであった。フランスは４・０パーセント、ドイツは４・９パーセント、イタリアは５・０パーセント、日本は８・０パーセントであった。先進国のなかで、アメリカの成長率が一番低かったのである。そのためアメリカの経済力は低下し、金が国外に流出することになった。そのためアメリカは金本位制を維持することが不可能になっていったのである。

世界経済に占めるアメリカのＧＤＰの比率は、第二次世界大戦終了直後には50パーセント近かったのが、２０１４年には22・５パーセントほどになった。しかし、なおも世界最大の経済大国である。

アメリカ時間で１９７１年８月15日、アメリカ合衆国大統領ニクソンが、それまでの固定比率によるドル紙幣と金の兌換を一時停止すると発表した。これは、ニクソンショックと呼ばれるほどの衝撃を世界に与えた。こんにちの感覚からは不思議としかいいようがないが、固定相場制は未来永劫に続くとさえ思われていたようである。

金と交換できる通貨はドルしかなかった。だが、アメリカはドルの金交換に応じられないほど金保有量が減っていた。それはアメリカ経済の弱体化を示すとともに、通貨体制の大きな変革が必要であることを意味しただけではなく、戦後世界を形成したＩＭＦ体制の終焉でもあった。

１９７１年のニクソンショックで、固定相場制が終わったわけではない。同年12月スミソニアン合意が結ばれ、ドルの切り下げという形で固定相場制が継続された。けれどもそれは長続きせず、１９７３年には完全に変動相場制に移行した。

それに加えて、アメリカの多国籍企業の力も衰退していった。アメリカの支配力の低下は、何よりも石油価格にあらわれた。世界最大の石油産出地域は、いうまでもなく中東である。第二次世界大戦後、中東の石油の価格決定権を握っていたのは、アメリカを中心とする「メジャー」と呼ばれる巨大な石油会社であった。その価格決定権が失われる日が来たのだ。

１９７３年10月６日、第四次中東戦争が勃発したことを利用して、石油輸出国機構（ＯＰＥＣ）加盟産油国のうちペルシア湾岸の６か国が、原油公示価格を１バレルあたり約３ドルから約12ドルへと引き上げることを決定した。このときアメリカは、石油の価格決定権を失った。これはアメリカの多国籍企業の敗北であり、アメリカのヘゲモニーの衰退を意味した。

だが、現在もなお世界の基軸通貨がドルであるのだから、あえてヘゲモニー国家はどこかと尋ねられたなら、アメリカと答えるほかない。各国はドルを必要とするため、アメリカは巨額の貿易赤字でも存続できるのだ。これは、アメリカの決定的な強みである。

インターネットとアメリカ

アメリカの経済力は衰えたけれども、それがある程度回復することになった。それは、インターネットが普及したからである。

インターネットの技術は、もともとアメリカ産である。リンドン・ジョンソンの大統領時代（１９６３～１９６９）に、ＡＲＰＡＮＥＴというパケット通信ネットワークを運用したことからはじまった。

ＡＲＰＡＮＥＴはやがて、インターネットへと発展していった。したがって、多くの人々が知っているように、インターネットとは軍事用の技術であった。１９８０年代になるとＬＡＮ(local area network) が広がり、ＰＣとワークステーションが発達した。

元来が軍事用であったインターネットが民生用に利用された背景には、１９９１年の社会主義崩壊があった。仮想敵国であるソ連がなくなったのだから、アメリカはインターネットの技術を、軍事用に独占する必要はなくなったのである。

アメリカがインターネットを一般に開放すると、たちまちのうちに他国にも使われるようになった。

だとしても、アメリカはインターネットの最新国だといってよい。たとえば、ウェブサイトはアメリカの独占物でないとはいえ、アメリカのものが非常に多い。またＧＡＦＡＭは、すべてアメリカ企業である。

このようにインターネットが普及すると、あっという間に世界中で英語の使用頻度は増えた。現在、世界で使われる文章の90パーセントが英語で書かれているといわれている。アメリカは、インターネットの独占はできなかったかもしれないが、世界でもっとも多く使用される言語として、英語の地位を大きく高めたのである。アメリカの経済力は、リバイバルすることになった。

ＩＣＴと経済

アメリカ経済は、ＩＣＴの活用によってふたたび活況を呈した。２０００年１月に、アメリカ経済は、１０７か月の持続的経済成長を達成した。それは１８６０年代以来最長の記録であった。その立役者となったのが、e–コマースとインターネットであった。それはヨーロッパ、とくにイギリスに影響した。アナリストたちは、アメリカでは科学技術の革新が生産性をうなぎ上りに上昇させ、Ｓ字形の曲線の上昇局面を経験していると信じていたのである。

インターネットのマイナス面をいうなら、世の中があまりに強く結び付けられたことであろう。２００８年のリーマンショックは、インターネットによって増幅されたのである。

その前年の2007年、アメリカでサブプライム住宅ローン危機が発生した。これは低所得層の住宅購入用のために、ローン返済が滞った場合への担保として購入する住宅に抵当権を設定し、抵当貸付とした住宅ローンである。

サブプライムローンへの投資を証券化した金融商品として、サブプライム・モーゲージ（抵当）がつくられた。このサブプライム・モーゲージの価格が金融市場で下落することになり、アメリカ金融界は大きな苦境を迎えることになった。

2008年には、アメリカの巨大な投資銀行であったリーマン・ブラザーズが巨額の負債を抱えて倒産し、この事件の影響は世界中におよび、世界経済は大きく失速した。この事件は、リーマンショックと呼ばれる。

リーマン・ブラザーズは、サブプライム住宅ローンに関して、インターネットでは肯定的な反応ばかりを多数受け取っており、それを信じたのである。不都合な情報は、インターネットには流されてはいなかった。

リーマンショックは、1929年の大恐慌ほどの不況ではなかったが、そのインパクトははるかに速く世界中を駆けめぐった。それが、インターネットの発展の影響であった。

さらに、ギリシアの巨額の財政赤字が明らかになった2009年には、その影響がポルトガル、アイルランド、イタリア、スペインなどにも飛び火した。ギリシアのGDPは、EU全体の2パーセントにも満たないが、同じような財政問題を抱える国の信頼も疑われることになった。ＥＵは結局、ギリシアへの資金援助を決定する。ＩＭＦと合わせて最大７５００億ユーロ規模の金融支援の基金（「欧州安定化メカニズム＝ＥＳＭ」）の創設などの包括的な金融危機対策に合意した。

元来ＥＵは、一国が経済危機に陥った場合、他の国々が助けられるという前提のもとに創設された。だが現実は、一国の経済危機が他国に飛び火するのである。

これは世界のグローバル化と似た現象である。たしかに現在でも保護関税や労働力の移動への障壁は大きい。だが、世界が徐々に単一市場へと向かっているように思われる。そのときに生じるリスクは、規模が非常に大きな市場だけに、きわめて大きい。

またインターネットを利用するなら、簡単にカネを送ることができる。そのためインターネットの技術は、タックスヘイブンを生み出すことになった。

タックスヘイブンと大英帝国

図７―１は、世界のタックスヘイブンをあらわしたものである。カリブ海諸島に多いことがわかる。すでに述べたように、租税回避手段として、近世には密輸をしていた地域が、現代ではタックスヘイブンをする場所へと変化したのである。ＯＥＣＤの調査によると、全部で35あるタックスヘイブンのうち、22がイギリスに関係している。

図7-1　世界のタックスヘイブン

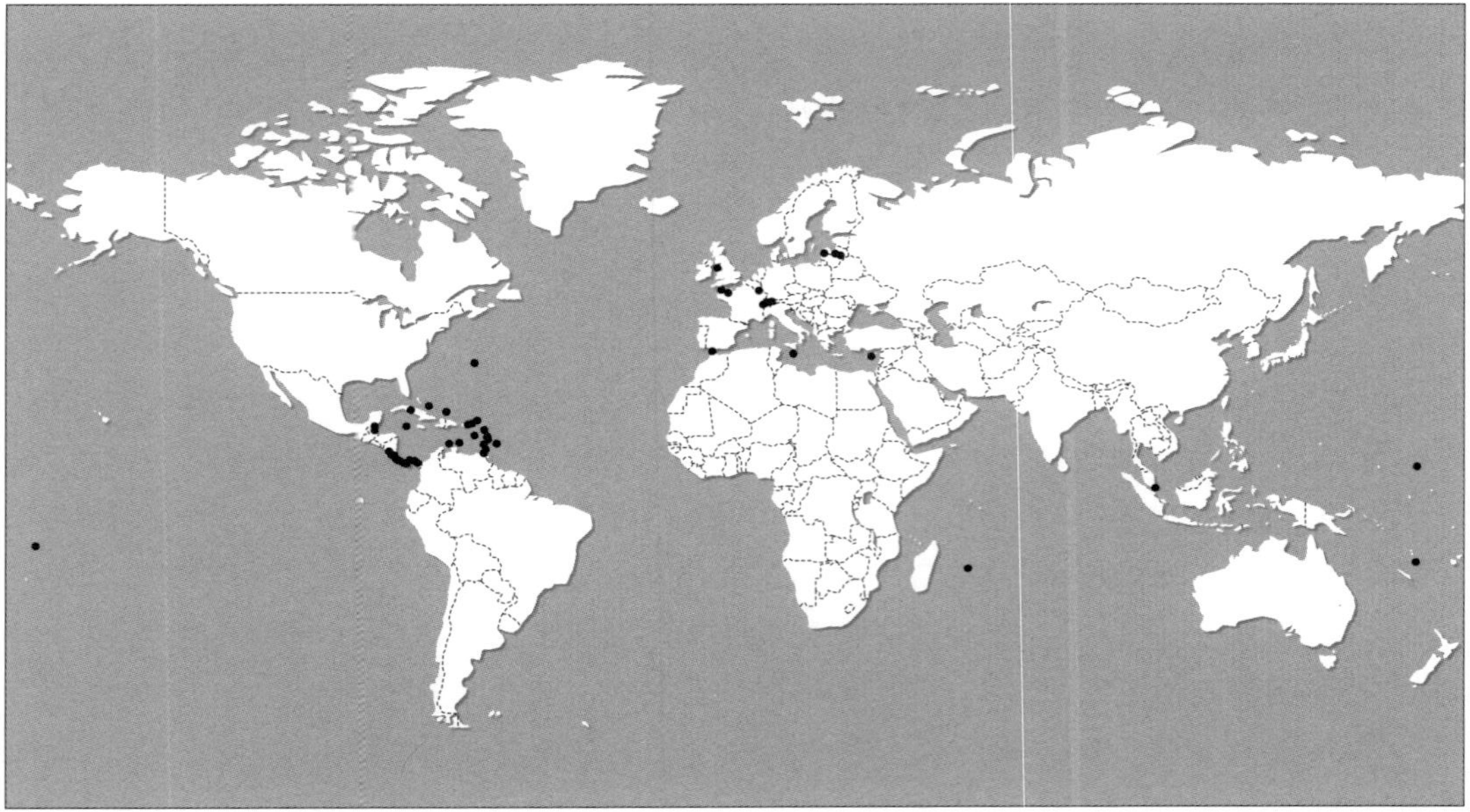

出典：Wikimedia Commons

大英帝国は世界史上最大の帝国だったのだから、イギリスと関係しているタックスヘイブンが多かったとしても、別に不思議ではない。しかし、大英帝国とは金融帝国であり、植民地がロンドンを中心とする金融システムと結合しており、さらに世界経済がイギリスのコミッション・キャピタリズムによって経済的支配を受けていた（地域により、程度は多様であったが）ことから、ICTの発達によって、イギリスがコミッション・キャピタリズムの国として再興してきたと考えることができよう。さらにICTを利用することで、イギリスが成し遂げた世界金融の一体化が強化されたのである。

中国の大富豪も、タックスヘイブンを利用していないとは思われない。ICTにより、金融の世界の一体化は強化されたのだ。すなわち現在のような世界金融の一体化は、19世紀末のイギリス製の電信によってはじまったのである。

中露の接近

アメリカのヘゲモニーは、基本的には環大西洋経済をベースとする。BrexitによりEUから離脱したイギリスは、アメリカ、さらにはコモンウェルスの国々と経済関係を強めていくほかない。これに加え、日本が提唱した「自由で開かれたインド太平洋戦略」は、太平洋とインド洋を結ぶ連合である。

これに対抗する形で現在浮上しているのが、ロシアと中国の連合である。これは、いわばユーラシア連合である。中国経済のGDPが世界第2位となり、一帯一路政策を発表し、2022年2月にロシアがウクライナへ侵攻すると、この2国の連合は大きな注目を浴びるようになった。

1991年にソ連が崩壊し、ロシアに変わると、これで冷戦というものはなくなると考えた人も多かった。リベラルな議会制民主主義が勝利し、「歴史の終わり」だということさえいわれた。議会制民主主義の勝利とは、単なる幻想であった。

中露の連合を権威主義体制とし、アングロサクソンの世界を民主主義的だとするのは、あまりに単純な二分法であるが、世界は、この二つを中核とする新冷戦の時代に突入したととらえることも可能なのである。

中国は世界最大の貿易立国であり、アメリカよりも中国との貿易額の方が多い国はたくさんある。しかも、中国の一帯一路政策に投資しているNATOの加盟国も数多い。したがって、中露は決して一枚岩ではない。

中国は東南アジア・東アジア諸国に、ロシアはバルト海地方の諸国に、大きな軍事的脅威をおよぼしている。中露の連合は、ユーラシア大陸をまたぐ陸の連合である。それに対しアングロサクソンの大西洋経済と、インド太平洋経済を加えた海の連合が対峙するということが、現在の世界の地政学的な図式である。そもそも長期の歴史的観点からは、極東、東南アジア、そしてバルト海地域は、ユーラシア大陸の周辺部として位置づけられるのである。

シベリアと中国には、多数の資源が眠っている。とくにレアアースは、中国に多い。それらの資源をもっていること自体が彼らの強みであり、西欧諸国はロシアからの石油の購入をストップするなら、中東の石油を購入しなければならず、そのこと自体が、冷戦時代には西側に分類されていた諸国が感じている不安であろう。

このような状況において、もし新しいヘゲモニー国家が生まれるとすればそれは中国にほかならず、しかもロシアと連合した形をとると推測されよう。それは、高度に発達したＩＣＴ技術により一体化した世界経済を乗っ取るという形態で実現されるのではないだろうか。

近代世界システムは終わるのか？

しかしそれは、これからも近代世界システムが継続するという前提に立った話である。だが日本だけではなく、世界中が高齢化社会、さらにはやがて人口減少の時代を迎えようとしている現在、近代世界システムの前提となる持続的経済成長はもはや終焉を迎えつつあると考えた方がよいのではないか。

図7－2は、ＣＯＶＩＤ－19により、どれほど世界の債務残高が増加したのかをあらわしたグラフである。

グラフを掲載しているＩＭＦのブログ「過去最高の２２６兆ドルに達した世界債務」には、次のように書かれている。

> 現在［２０２０年現在］、公的債務は世界債務総額の約40％を占め、１９６０年代中頃以降で最高の比率となっている。２００７年以降に公的債務が累積した主な原因は、各国政府が直面したふたつの主要な経済危機、すなわち世界金融危機と新型コロナウイルスのパンデミックである。
>
> ただし、債務の勢いは国ごとに著しく異なる様相を呈している。先進国と中国は、２０２０年に急増した債務28兆ドルのうち90％以上を占めた。これらの国では、低金利、中央銀行が講じた施策（国債大量購入など）、高度に発展した金融市場のおかげで、パンデミックの間に公的債務・民間債務を拡大することができた。しかし多くの発展途上国は財政をめぐる溝の対岸に取り残されており、資金調達へアクセスが限られ、融資の金利も高水準である場合が多い（https://www.imf.org/ja/Blogs/Articles/2021/12/15/blog-global-debt-reaches-a-record-226-trillion 一部変更）。

ヨーロッパでは、第二次世界大戦までは戦時に公債発行額が増え、平時にはそれが低下するということが繰り返されていた。だが現在では、社会保障費が政府の支出として常に大きく、

図7–2　債務の対GDP比率

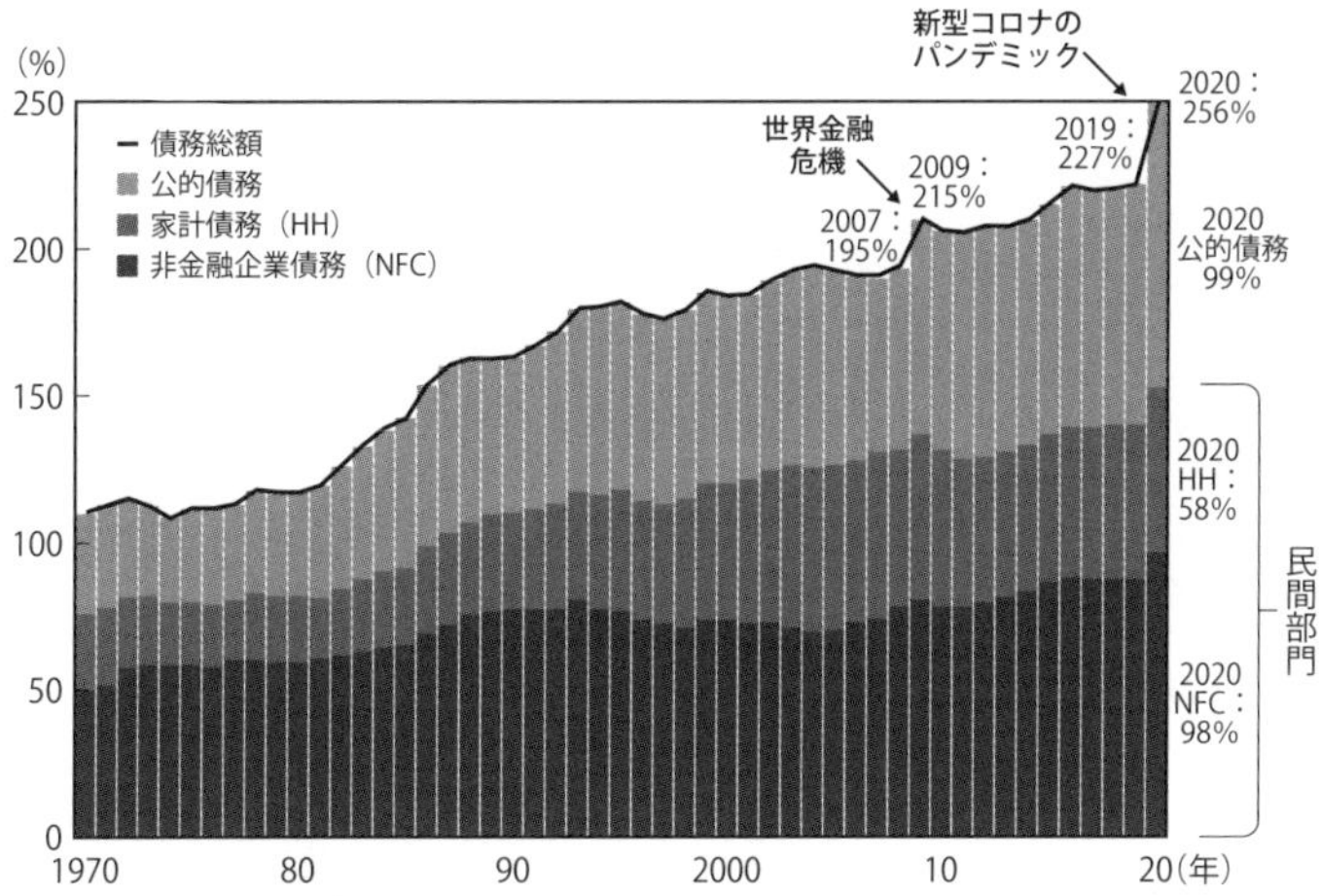

出典：https://www.imf.org/ja/Blogs/Articles/2021/12/15/blog-global-debt-reaches-a-record-226-trillion

財政は硬直化しており、簡単に新たな財源が見つかる状況にはない。また、不況になって公債を発行しても、増税をすることは難しい。そもそも景気がよくならなければ、増税できないのだ。しかも増税すれば、大企業は税率がより低い国へと移動する。そして図7‐2に示されているように、公的債務のみならず、民間部門を含め、とくにパンデミックの影響で、債務の対ＧＤＰ比率は増えている。ここに、現代社会の大きな問題点が見いだせる。

日本は、多額の国債の多くを日銀が引き受けるということで発行してきた。じつはそれは、巨額の国債を日銀引き受けにしてきたアジア・太平洋戦争の財務構造と非常に似ているのである。

国債は、繰越しをすれば、当面の財政は

何とかやりくりできる。しかしそこには、やがて経済は成長するという前提がある。けれども、持続的経済成長ということ自体、もしかしたらわれわれの幻想かもしれないのだ。

国債（公債）の発行と償還というシステムは、じつのところ近代世界システムの一部をなしている。このシステムでは、持続的経済成長が前提とされている。ヨーロッパ諸国は近世以来、そして他地域の世界諸国も近代になると、近代世界システムがずっと続くという前提で国債（公債）を発行してきた。国債（公債）の発行は後の世代の負担を招くことになるかもしれないが、経済が成長しているなら、その負担は軽くなる。後の世代は、さらに後の世代に負担を転嫁するという循環が形成される。

このような前提が今後も存在するかどうか、それ自体が疑問視されるべきであろう。少なくとも、近代世界システムが崩壊し、持続的経済成長がなくなる世の中が来る可能性も考えるべきではないか。

経済学に、「未開拓の土地」（ghost acreage）という用語がある。未開拓の土地があれば、経済は発展するということである。近代世界システムは、いわば拡大の原理によって成り立っていた。それは、新たな販路を絶えず求めるシステムである。だからこそ、持続的経済成長が可能になる。言い換えるなら、「未開拓の土地」がなくなったときに、持続的経済成長も近代世界システムも終わるということである。

ヨーロッパは未開拓の土地を求めて、対外進出をした。だが今では未開拓の土地はなくなったと考えるべきではないか。これは、新たなマーケットを求め続けてきた近代世界システムの終焉を意味するものだと思われる。

近代世界システムは、あるいは資本主義経済は、「未開拓の土地」がなければ成立しない。絶えず成長し続けるためのマーケットが必要なのである。ヨーロッパが対外進出したのは、そのためである。

しかし、もはや「未開拓の土地」そのものがなくなっているかもしれない。そもそも、近代経済学で、そして近代世界システムで前提としている「持続的経済成長」は、現実にはフィクションでしかない。地球の資源はかぎられており、世界の人口はやがて減少するだろう。さもなければ、地球環境はもたない。

現在、われわれが直面している以上の老齢化社会が、いずれ地球全体に訪れるだろう。若者の方が少ない世界が、かなりの長期間続くことになる。そして、人口は減少する。拡大の原理を基調とする近代世界システムは、終焉を迎えつつあるといってよいのではないだろうか。

アイケングリーンらが書いた『国家の債務を擁護する――公的債務の世界史』で、公債はよいこともあれば悪いこともあるといったのは、当然のことであろう。ＣＯＶＩＤ－19への対応は、多額の国債を発行しなければ不可能であったに違いない。彼らがいうように、戦争、自然災害、金融危機、不況のたびごとに政府は借金をしてきた。歳入だけでは不十分だからだ。さらに彼らは、公的債務は経済成長にとって必要であるし、外部からの脅威に対抗するために借金をする能力は、主権国家にとって不可欠だとまで主張する。たしかにそのとおりである。だが彼らの言い分は、経済はやがて必ず成長し、景気がよくなると、国家は借金を返済できるという前提に立っているように思われてならない。その前提自体を疑うべきだというのが、本書で何度も繰り返したことなのである。

持続的経済成長は、本当に今後も続くのだろうか。現在、近代世界システムは終焉を迎え、別のシステムが――その中身はまだわからないにせよ――、誕生しつつあるのではないか。中露の連合は、まだ近代世界システムが続くという前提で動いているのではないか。このような疑問を、本書で述べた。だが、まだこの疑問が正しいと断言することはできないのが残念である。未来のことは、われわれにはわからないのだ。

しかしまたわれわれは、すべてのシステムはかりそめのものにすぎないと認識すべきであろう。繰り返すが、「危険なのは、思い込み」だからである。

われわれは、経済成長と人口増を当然の前提としてきた。それは、近代世界システムにあまりに慣れてしまったということなのかもしれない。だが、あと数十年後に人口が減少し、税収が増えず、いくつもの国に債務不履行という事態が発生する可能性は、やはりあるのではないか。そして、民間部門でも借金が返せなくなるかもしれない。そのとき近代世界システムは終わり、経済成長を前提とする社会が消失することになろう。

本書は、その可能性を示唆した。

あとがき

もう20年以上にわたり、近代経済の起源はどこにあるのか考えてきたが、明確な回答は出せないでいた。本書のアイデアが出たときに、自分なりの答えが出せた。

オランダが、近代経済の起源なのだと。

近代経済の特徴は、持続的経済成長にある。一般に、それは18世紀後半に産業革命を発生させたイギリスからはじまったと考えられているであろう。しかしまた、もう一つ別の考え方もある。それは、オランダこそ、持続的経済成長がはじまった場所だという考え方である。

「持続的経済成長」と簡単にいうが、そもそも17世紀の経済成長率を推計することは非常に難しい。正確な計測などそもそも不可能である。だが、オランダが多額の公債を発行し、それを償還し続けていったのだから、オランダという社会は、持続的経済成長を成し遂げていたと考えるべきであろう。そういう結論にたどり着いたのである。

公債は、中世のイタリアでも発行されていた。だが、詳述する紙幅はないが、いくつもの理由が重なり、イタリアは持続的経済成長を実現することはなかった。そのため、オランダとは異なり、公債を返済することが容易になることはなかったと考えるべきであろう。

しかしオランダ国制は著しく地方分権的であり、国家はあまり経済に介入することはなかった。それに対しイギリスは財政・金融システムを中央集権化し、国家が経済に大きく介入することで、経済を成長させた。そのシステムが、現在まで続いており、世界中で採用されたのである。

現在の日本で、国債発行が著しく増え、それがどのような影響を今後およぼすのかということについて、簡単に結論を出すことはできない。経済成長によって、償還が容易になることは当然である。けれども、そもそも持続的経済成長そのものが、近代世界システムがもたらした一時的――といってもかなり長期間にわたるが――な現象だったのではないだろうか。

国債（公債）の発行は、戦費を調達するためであった。戦時に国債（公債）を発行し、それを平時に償還する。それは、経済が成長するからこそ容易になる。しかし、経済成長がなくなれば、国債（公債）の償還は困難になるはずだ。持続的経済成長自体というのは、今後とも続くのだろうか。こういう疑問を、本書では提示した。

どの国も、社会保障費は、政府の予算の少なからぬ部分を占めている。政府の規模はなかなか縮小しない。そもそも、本来縮小すべきものかどうか疑問である。それは、軍事費とは異なり恒常的な支出であり、赤字財政を恒久化する最大の要因の一つである。それに加えてＣＯＶＩＤ－19のような疫病の蔓延、さらには天変地異が生じると、国債（公債）の発行額は増える。

それを減らすことは、本当に難しい。

近代世界システムは、いわば「拡大のシステム」によって維持されてきた。それは、大航海時代から帝国主義時代に続く西洋による世界支配を前提としたシステムなのである。西洋が政治的に世界支配をすることはだんだんとできなくなっていったが、経済はなお成長し続けた。それは、「未開拓の土地」がまだ残っていたからであろう。だが、これからも「未開拓の土地」はあるのだろうか。オランダからはじまったシステムは、本当に今後とも続くのだろうか。私自身は、それは早晩不可能になるのではないかと思っている。そのとき、近代世界システムは終焉を迎える。

こういった問題意識以外にも、本書では、いくつかの論点を提示した。それらは基本的に、ヨーロッパ世界の拡大と関係していた。ヨーロッパ世界の拡大こそ、近代世界システムの根底に横たわる歴史事象であった。拡大のシステムとはヨーロッパ世界の拡大ということであり、現代のアジアの興隆も、その延長線上にある。中国がヘゲモニー国家になれるかどうかという議論は、そもそも近代世界システムが継続するという前提に立っている。この前提自体を、私は疑うようになった。

本書は、これまで私が書いてきた書物をもとにしながら、財政史の資料をさらに補強して書いた。戦争と財政は、現代社会において非常に重要なテーマである。近世のヨーロッパで形成されたシステムが、こんにちもなお継続しているが、そろそろ崩壊しそうだと主張しているのだ。

本書の執筆にあたり、東洋経済新報社の渡辺智顕さん、編集者の今井章博さんには大変お世話になった。厚くお礼申し上げる。

２０２３年６月　京都・神山にて

玉木俊明

主要参考文献

金子勝（2023）：『イギリス近代と自由主義——近代の鏡は乱反射する』筑摩書房。

川北稔（1983）：『工業化の歴史的前提——帝国とジェントルマン』岩波書店。

川北稔（2011）：「『成長パラノイア』とイギリス資本主義——イギリス近代経済史研究の50年」『京都産業大学世界問題研究所紀要』27。

合田寛（2016）：『これでわかるタックスヘイブン——巨大企業・富裕者の〈税逃れ〉をやめさせろ！』合同出版。

国立社会保障・人口問題研究所 企画部（2012）：「動向 社会保障費の国際比較——SOCX2010ed.にみる諸外国の動向」『海外社会保障研究』No.178。

斎藤修（2022）「英国産業革命論の現在」『日本學士院紀要』76−2。

坂本優一郎（2010）：「イギリス国債と『投資社会』、1818−1890年——減債・信託貯蓄銀行・郵便貯蓄銀行」『大阪経大論集』61−2。

坂本優一郎（2015）：『投資社会の勃興——財政金融革命の波及とイギリス』名古屋大学出版会。

志賀櫻（2013）：『タックスヘイヴン——逃げていく税金』岩波新書。

斯波照雄・玉木俊明編著（2015）：『北海・バルト海の商業世界』悠書館。

関野満夫（2021）：『日本の戦争財政——日中戦争・アジア太平洋戦争の財政分析』中央大学出版部。

関野満夫（2021）：「戦後日本の富裕税」『経済学論纂』（中央大学）62−1・2・3。

高橋是清・上塚司編（2021）：『高橋是清自伝』上下合本、中公文庫電子版。

玉木俊明（2008）：『北方ヨーロッパの商業と経済——1550−1815年』知泉書館。

玉木俊明（2014）：『海洋帝国興隆史——ヨーロッパ・海・近代世界システム』講談社選書メチエ。

玉木俊明（２０１５）：『ヨーロッパ覇権史』ちくま新書。

玉木俊明（２０１６）：『「情報」帝国の興亡――ソフトパワーの五〇〇年史』講談社現代新書。

玉木俊明（２０１８ａ）：『拡大するヨーロッパ世界――１４１５-１９１４』知泉書館。

玉木俊明（２０１８ｂ）：『逆転の世界史――覇権争奪の５０００年』日本経済新聞出版社。

玉木俊明（２０２１ａ）：『金融化の世界史――大衆消費社会からＧＡＦＡの時代へ』ちくま新書。

玉木俊明（２０２１ｂ）：『見開き2ページでわかる！「世界史×日本史」エピソード１００』星海社新書。

玉木俊明（２０２２ａ）：『迫害された移民の経済史――ヨーロッパ覇権、影の主役』河出書房新社。

玉木俊明（２０２２ｂ）：『手数料と物流の経済全史』東洋経済新報社。

玉木俊明（２０２３）：『商人の世界史――小さなビジネス革命が世界を変えた』河出新書。

富田俊基（２００５）：「１００年前の日本国債」知的資産創造、２００５年4月号。

富田俊基（２００６）：『国債の歴史――金利に凝縮された過去と未来』東洋経済新報社。

中澤勝三（１９９３）：『アントウェルペン国際商業の世界』同文舘出版。

服部春彦（１９９２）：『フランス近代貿易の生成と展開』ミネルヴァ書房。

松田武・秋田茂編（２００２）：『ヘゲモニー国家と世界システム――20世紀をふりかえって』山川出版社。


アイケングリーン、バリー・エル＝ガナイニー、アスマー・エステベス、ルイ・クリス、ミッチェナー、ジェイムズ著・岡崎哲二監訳・月谷真紀訳（２０２３）：『国家の債務を擁護する――公的債務の世界史』日本経済新聞出版。

アブー＝ルゴド、ジャネット・L著・佐藤次高・斯波義信・高山博・三浦徹訳（２０２２）『ヨーロッパ覇権以前――もうひとつの世界システム』（上・下）、岩波現代文庫。

ウォーラーステイン、I著・川北稔訳（２０１３）：『近代世界システム』全4巻、名古屋大学出版会。

オブライエン、パトリック著・秋田茂・玉木俊明訳（２０００）：『帝国主義と工業化――１４１５～１９７４：イギリスとヨーロッパからの視点』ミネルヴァ書房。

オルドクロフト、Ｄ・Ｈ著・玉木俊明・塩谷昌史訳（２００２）：『20世紀のヨーロッパ経済——１９１４-２０００年』晃洋書房。

ガーシェンクロン、アレクサンダー著・絵所秀紀他訳（２００５）：『後発工業国の経済史——キャッチアップ型工業化論』ミネルヴァ書房。

カーティン、フィリップ著・田村愛理・中堂幸政・山影進訳（２００２）：『異文化間交易の世界史』ＮＴＴ出版。

コリー、リンダ著・川北稔監訳（２０００）：『イギリス国民の誕生』名古屋大学出版会。

シュムペーター、Ｊ・Ａ著・木村元一・小谷義次訳（１９８３）：『租税国家の危機』岩波文庫。

ステイル、ベン著・小坂恵理訳（２０１４）：『ブレトンウッズの闘い——ケインズ、ホワイトと新世界秩序の創造』日本経済新聞出版社。

トリヴェッラート、フランチェスカ著・和栗珠里・藤内哲也・飯田巳貴訳（２０１９）：『異文化間交易とディアスポラ——近世リヴォルノとセファルディム商人』知泉書館。

トリヴェッラート、フランチェスカ著・玉木俊明訳（２０２２）：『世界をつくった貿易商人——地中海経済と交易ディアスポラ』ちくま学芸文庫。

パーカー、ジェフリ著・大久保桂子訳（１９９５）：『長篠合戦の世界史——ヨーロッパ軍事革命の衝撃　１５００〜１８００年』同文舘出版。

ハスケル、ジョナサン／スティアン・ウェストレイク著・山形浩生訳（２０２０）：『無形資産が経済を支配する——資本のない資本主義の正体』東洋経済新報社。

ピケティ、トマ著・山形浩生・守岡桜・森本正史訳（２０１４）：『21世紀の資本』みすず書房。

ブリュア、ジョン著・大久保桂子訳（２００３）：『財政＝軍事国家の衝撃——戦争・カネ・イギリス国家　１６８８—１７８３』名古屋大学出版会。

ヘッドリク、D・R著・横井勝彦・渡辺昭一監訳（2013）『インヴィジブル・ウェポン――電信と情報の世界史1851-1945』日本経済評論社。

ポメランツ、ケネス著・川北稔監訳（2015）：『大分岐――中国、ヨーロッパ、そして近代世界の形成』名古屋大学出版会。

マグヌソン、ラース著・玉木俊明訳（2012）：『産業革命と政府――国家の見える手』知泉書館。

マグヌソン、ラース著・玉木俊明訳（2017）：『重商主義の経済学』知泉書館。

ミュラー、レオス著・玉木俊明・根本聡・入江幸二訳（2006）『近世スウェーデンの貿易と商人』嵯峨野書院。

ラークソ、S・R著・玉木俊明訳（2014）：『情報の世界史――外国との事業情報の伝達 1815-1875』知泉書館。

リグリィ、A・E著・近藤正臣訳（1991）：『エネルギーと産業革命――連続性・偶然・変化』同文舘出版。

Abbas, S. Ali, Nazim Belhocine, Asmaa ElGanainy and Mark Horton (2010): “A historicalpublic Debt database”, IMF Working Paper, 10/245.
Aslanian, Sebouh David (2011): *From the Indian ocean to the Mediterranean: the global trade networks of Armenian merchants from New Julfa*, Berkeley: University of California Press.
Bloom, Herbert I. (1937): *Economic activities of the Jews of Amsterdam in the seventeenth and eighteenth centuries*, New York and London: Kennikat Press.
Bonney, Richard Ed. (1995): *Economic systems and state finance: the origins of the modern state in Europe 13th to 18th centuries*, Oxford: Oxford University Press.
Bonney, Richard Ed. (1999): *The Rise of the Fiscal State in Europe c. 1200–1815*, Oxford: Oxford University Press.
Broadberry, S. and Gupta, B. (2006): “The early modern great divergence: wages, prices and economic development

in Europe and Asia, 1500–1800", *Economic History Review,* 59–1.

Brulez, W. (1960): "De Diaspora der Antwerpse kooplui op het einde van de 16e eeuw", *Bijdragen voor de Geschiedenis der Nederlanden,* 15.

Butel, Paul (1990): "France, the Antilles, and Europe in the seventeenth and eighteenth centuries: renewals of foreign trade", in J. D. Tracy Ed., *The rise of merchant empires: long distance trade in the early modern world, 1350–1750,* Cambridge: Cambridge University Press.

Carswell, John (1960): *The South sea bubble,* Redwood City: Stanford University Press.

Crouzet, F. (1964): "Wars, blockade, and economic change in Europe, 1792–1815", *Journal of Economic History,* 24–4.

Crouzet, F. (1996): "Bordeaux: an eighteenth century Wirtschaftswunder?", in F. Crouzet, Ed. *Britain, France and international commerce from Louis XIV to Victoria,* London and New York: Routledge.

Davis, Ralph (1972): *The rise of the English shipping industry in the 17th and 18th centuries,* Newton Abott: David & Charles.

De Moor, Tine and Jan Luiten van Zanden (2010): "Girl power: the European marriage pattern and labour markets in the North Sea region in the late medieval and early modern period", *Economic History Review,* 63–1.

Devine, T. M. (2003) *Scotland's empire: the origins of the global diaspora,* London: Penguin Books.

De Vries, Jan and Ad van der Woude (1997): *The first modern economy: success, failure, and perseverance of the Dutch economy,* 1500–1815, Cambridge: Cambridge University Press.

Dickson, P. G. M. (1967): *The Financial Revolution in England: a study in the development of public credit,* London and New York: Routledge.

Fritschy, J. M. F. (1988): *De patriotten en de financiën van de Bataafse Republiek: Hollands krediet en de smalle marges voor een nieuw beleid (1795–1801)*, Den Haag: Stichting Hollandse Historische Reeks.

Fritschy, Wantje (2003): "A 'Financial Revolution' reconsidered: public finance in Holland during the Dutch Revolt, 1568–1648", *Economic History Review*, 56–1.

Gelderblom, Oscar (2000): *Zuid-Nederlandse kooplieden en de opkomst van de Amsterdamse stapelmarkt (1578–1630)*, Hilversum: Uitgeverij Verloren.

Gelderblom, Oscar and Joost Jonker (2011): "Public finance and economic growth: the case of Holland in the seventeenth century", *Journal of Economic History*, 71–1.

't Hart, Marjolein (1993): *The making of a bourgeois state: war, politics and finance during the Dutch revolt*, Manchester: Manchester University Press.

't Hart, Marjolein (1997): "The merits of a financial revolution: public finance, 1550–1700" in Marjolein 't Hart, Joost Jonker and Jan Luiten van Zanden Eds., *A financial history of The Netherlands, Cambridge:* Cambridge University Press.

't Hart, Marjolein (2014): *The Dutch wars of independence*. Abingdon: Routledge.

Huhn, F. K. (1952): *Die Handelsbeziehungen zwischen Frankreich und Hamburg im 18. Jahrhundert: unter besonderer Berücksichtigung der Handelsverträge von 1716 und 1769*, Ph. D. Thesis, Hamburg University.

Hutton, Jeremy (2020): "War and debt: three centuries of borrowing in Britain", Tax Payers' Alliance, APR 28.

Ingram, Kevin (2018): *Converso non-conformism in early modern Spain: bad blood and faith from Alonso de Cartagena to Diego Velázquez*, London: Palgrave/Macmillan.

Kresse, Walter (1966): *Materialien zur Entwicklungsgeschichte der Hamburger Handelsflotte 1765–1823*, Hamburg: Museum für Hamburgische Geschichte.

Lane, Frederic C. (1979): *Profits from power: readings in protection rent and violence-controllings enterprises*, Albany:

State University of New York Press.

Liang-lin, Hsiao (1974): *China's foreign trade statistics, 1864–1949*, Cambridge Mass: Harvard University Press.

Lucassen, J. (2002) "Immigranten in Holland 1600–1800: Een kwantitatieve benadering", Centrum voor de Geschidenis van Migranten Working Paper 3.

Marzagalli, Silvia (2015): *Bordeaux et les États-Unis, 1776–1815: Politique et stratégies négociantes dans la genèse d'un réseau commercial*, Geneva: Librairie Droz.

Mathias, Peter and Patrick Karl O'Brien (1976): "Taxation in Britain and France, 1715–1810: A comparison of the social and economic incidence of taxes collected for the central governments", *Journal of European Economic History*, 5-3.

McCusker, John J. (2005): "The Demise of distance: the business press and the origins of Information revolution in the early modern Atlantic world", *American Historical Review*, 110, 295–296.

McCusker, John J. and C. Gravestrijn Eds. (1991): *The Beginnings of commercial and financial journalism*, Amsterdam: Aksant Academic Publishers.

Morineau, M. (1965): "La Balance du commerce Franco-Néerlandais et le resserrement économique des Provinces-Unies au XVIIIe siècle", *Economisch-Historisch Jaarboek*, 30.

Neal, Larry (1990): *The Rise of financial capitalism: international capital markets in the age of reason*, Cambridge: Cambridge University Press.

Newman, Elizabeth Karin (1979): *Anglo-Hamburg Trade in the late seventeenth and early eighteenth centuries*, Ph. D. Thesis, The University of London.

North, Michael (2000): "Von der Atlantischen Handelsexpansion bis zu den Agrarreformen (1450–1815)", in M. North (Hg.), *Deutsche Wirtschaftsgeschichte: Ein Jahrtausend im Überblick*, München: Beck.

O'Brien, Patrick Karl (2006): "Mercantilist Institutions for the pursuit of power with profit: the management of Britain's national debt, 1756–1815", Department of Economic History London School of Economics, Working Paper, 95/06.

O'Brien, Patrick Karl (2012): "Fiscal and financial preconditions for the formation of developmental states in the West and the East from the conquest of Ceuta (1415) to the Opium War (1839)", *Journal of World History,* 23–3.

O'Brien, Patrick Karl (2013): "The costs and benefits of mercantilist warfare", *Financial History Review,* 25–1.

O'Brien, Patrick Karl and Nuno Palma (2020): "Not an ordinary bank but a great engine of state: The Bank of England and the British economy, 1694–1844", *Economic History Review,* 76–1.

O'Rourke, Kevin H. and Jeffrey G. Williamson (1999): *Globalization and history: the evolution of a nineteenth-century Atlantic Economy,* Cambridge Mass: MIT Press.

Parthasarathi, P. (2011): *Why Europe grew rich and Asia did not: global economic divergence, 1600-1850.* Cambridge: Cambridge University Press.

Pescatori, Andrea, Damiano Sandri and John Simon (2014): "Debt and growth: Is there a magic threshold?", IMF Working Paper, 14/34.

Pye, Michael (2021): *Antwerp: The Glory years,* London: Penguin Books.

Reid, Anthony (1990, 1995): *Southeast Asia in the age of commerce, 1450–1680,* New Haven and London: Yale University Press.

Riello, Giorgio (2013): *Cotton: The Fabric that made the modern world,* Cambridge: Cambridge University Press.

Roseveare, Henry G. (2014): *Financial revolution 1660–1750,* London and New York: Routledge.

Samuelsson, Kurt (1951): *De stora köpmanshusen i Stockholm 1730–1815: en studie i den svenska handelskapitalismens historia,* Stockholm: Ekonomisk-historiska institutet.

Schularick, Moritz (2012): “Public debt and financial crises in the twentieth century”, School of Business & Economics Discussion Paper Economics, 2012/1.

Schumpeter, Elizabeth Boody (1960): *English overseas trade statistics 1697–1808,* Oxford: Clarendon Press.

Schwartz, Stuart B. Ed. (2004): *Tropical Babylons: sugar and the making of the Atlantic world, 1450–1680,* Chapel Hill: University of North Carolina Press.

Tamaki, Toshiaki (2020): “Is the Economic hegemony moving from the United States to China?: A historical perspective,” in Alan Chong Chia Siong and Pham Quang Minh Eds., *The Belt and Road Initiative: Critical Perspectives from outside China,* London: Palgrave/Macmillan.

Topik, Steven, Carlos Marichal and Zephyr Frank Eds. (2006): *From silver to cocaine: Latin American commodity chains and the building of the world economy, 1500–2000,* Durham and London: Duke University Press.

Tracy, James D. (1985): *A financial revolution in the Habsburg Netherlands: renten and renteniers in the county of Holland, 1515–1565,* Berkeley: University of California Press.

Van Zanden, Jan Luiten and Bas van Leeuwen (2012): “Persistent but not consistent: the growth of national income in Holland 1347–1807”, *Explorations in Economic History,* 49–2.

Voss, Peter (1995): *Bordeaux et les villes hanséatiques, 1672–1715 : contribution à l'histoire maritime de l'Europe du Nord-Ouest,* Ph. D. Thesis, University of Bordeaux 3.

Wade, Geoff (2009): “An Early age of Commerce in Southeast Asia, 900–1300 CE”, *Journal of Southeast Asian Studies,* 40–2.

Wilson, Charles Henry (1966): *Anglo-Dutch commerce and finance in the eighteenth century,* Cambridge: Cambridge University Press.

Wright, J. F. (1997): “The contribution of overseas savings to the funded national debt of Great Britain, 1750–1815”,

Economic History Review, 50–4.

Wright, J. F. (1999): “British government borrowing in wartime, 1750–1815”, *Economic History Review*, 52–2.

Yogev, Gedalia (1978): *Diamonds and coral: Anglo-Dutch Jews and eighteenth-century trade*, Leicester: Leicester University Press.

Yrjã Kaukiainen, “Shrinking the World: Improvements in the Speed of Information Transmission, c.1820–1870”, *European Review of Economic History*, 5–1, 2001

https://ourworldindata.org/grapher/social-spending-oecd-longrun（２０２３年３月25日閲覧）。

https://www.imf.org/ja/Blogs/Articles/2021/12/15/blog-global-debt-reaches-a-record-226-trillion（２０２３年３月26日閲覧）。

【著者紹介】

玉木俊明（たまき　としあき）

京都産業大学経済学部教授。専門は近代ヨーロッパ経済史。

1964年、大阪市生まれ。同志社大学大学院文学研究科（文化史学専攻）博士後期課程単位取得退学。

著書に『ヨーロッパ覇権史』『ヨーロッパ 繁栄の19世紀史』（ちくま新書）、『近代ヨーロッパの誕生』『海洋帝国興隆史』（講談社選書メチエ）、『〈情報〉帝国の興亡』（講談社現代新書）、『近代ヨーロッパの形成』（創元社）、『ダイヤモンド 欲望の世界史』（日本経済新聞出版）、『手数料と物流の経済全史』（東洋経済新報社）など多数。訳書にヤコブ・アッサ『過剰な金融社会』（知泉書館）などがある。

戦争と財政の世界史
成長の世界システムが終わるとき

2023年9月26日発行

著　者――玉木俊明
発行者――田北浩章
発行所――東洋経済新報社
〒103-8345　東京都中央区日本橋本石町1-2-1
電話＝東洋経済コールセンター　03(6386)1040
https://toyokeizai.net/

装　丁……………秦　浩司
D T P……………アイランドコレクション
印刷・製本………丸井工文社
編集協力…………今井章博
編集担当…………渡辺智顕
　ISBN 978-4-492-37135-0